清华终身学习系列出版物

非凡韧性

Extraordinary Resilience

刘雯雯 邬雨航 ◎著

清华大学出版社
北京

图书在版编目（CIP）数据

非凡韧性 / 刘雯雯，邬雨航著. —北京：清华大学出版社，2024.1

（清华终身学习系列出版物）

ISBN 978-7-302-64355-5

Ⅰ．①非… Ⅱ．①刘… ②邬… Ⅲ．①企业战略－战略管理 Ⅳ．①F272.1

中国国家版本馆CIP数据核字(2023)第148203号

责任编辑：朱晓瑞
封面设计：汉风唐韵
版式设计：方加青
责任校对：王凤芝
责任印制：曹婉颖

出版发行：清华大学出版社
    网 址：https://www.tup.com.cn，https://www.wqxuetang.com
    地 址：北京清华大学学研大厦A座   邮 编：100084
    社 总 机：010-83470000   邮 购：010-62786544
    投稿与读者服务：010-62776969，c-service@tup.tsinghua.edu.cn
    质 量 反 馈：010-62772015，zhiliang@tup.tsinghua.edu.cn
印 装 者：天津安泰印刷有限公司
经 销：全国新华书店
开 本：170mm×240mm 印 张：12.75 字 数：184千字
版 次：2024 年 1 月第 1 版 印 次：2024 年 1 月第 1 次印刷
定 价：58.00元

产品编号：092313-01

 清华 终身学习系列出版物

本书编委会

主　编

宗　燕

副主编

武为民

委员（按姓氏笔画排序）

王爱义　刘志彬　孙　茗　李思源　吴志勇

张玉坤　林兆广　周远强　徐学军　唐　玲

"清华终身学习系列出版物"总序

我们已进入了终身学习时代!

法国著名教育家保罗·朗格朗（Paul Lengrand）1965 年在联合国教科文组织主持召开的第三届促进成人教育国际委员会会议上提交了"终身教育议案"，重新认识和界定教育，不再将教育等同于学校教育，而视教育为贯穿整个人生的、促进个体"学会学习"的全新概念。1970 年，保罗·朗格朗首次出版《终身教育引论》，详细阐述其对终身教育的理解，带来了革命性的终身教育和终身学习的思想，使我们进入终身教育、终身学习时代。终身教育、终身学习思想，它不仅仅是一种思想体系，更是一种教育改革和教育政策制定设计的基本原则，是构建未来教育体系的指针。

进入 21 世纪以来，国际组织愈发倾向以终身学习（Lifelong Learning）覆盖终身教育（Lifelong Education）。2008 年，欧洲大学协会制定并发表《欧洲大学终身学习宪章》，明确提出在大学发展战略中应植入终身学习理念，大学的使命和发展战略中应包含构建终身学习体系的规划，为营造终身学习的文化氛围发挥关键作用。2015 年 11 月，联合国教科文组织发布《教育 2030 行动纲领》，确立了"确保全纳平等优质的教育，促进终身学习"的宏大目标，标志着全球教育进一步迈向了终身学习的新时代，是否践行终身学习理念，成为衡量一个国家教育现代化水准的一面镜子。

终身学习理念也促进人们对工作、学习及人生的深层次思考。2016 年，伦敦商学院（LBS）教授琳达·格拉顿（Lynda Gratton）和安德鲁·斯科特（Andrew Scott）在两人合著的新书《百岁人生：长寿时代的生活与工作》（*The 100-Year Life: Living and Working in an Age of Longevity*）中预言，人类已经进入长寿时代，我们这代人活到 100 岁将是大概率事件。长寿时代，我们的人生格局将会发生巨大改变。传统的学校学习、单位工作、退休养老的三段式人生终将被更多段式的人生格局所取代。所谓更多段式，就是一辈子被分割成 4 段、5 段，甚至 7 段、8 段，乃至更多小阶段。每一小段都有自己不同的主题，各段之间穿插进行，不会再有明确边界。所以，从个人生命周期来说，学习将成为人的一生的习惯及人生的常态，"学生"将是贯穿一生的唯一职业。而多段式人生的学习应该是连接过去、通往未来的终身学习，这将是未来多段式人生节奏中的一种经常出现的状态。

我国党和政府也十分重视终身教育和终身学习，党的十六大、十七大、十八大、十九大都有相关论述。习近平总书记对于终身学习有着一系列重要表述。2013 年 9 月 9 日在教师节致全国广大教师慰问信中，他特别要求"牢固树立终身学习理念"。2013 年 9 月 25 日在"教育第一"全球倡议行动一周年纪念活动贺词中，他指出"努力发展全民教育、终身教育，建设学习型社会"。2019 年 11 月召开的中共十九届四中全会明确把"构建服务全民终身学习的教育体系"作为推进国家治理体系和治理能力现代化的重大战略举措，并提出"完善职业技术教育、高等教育、继续教育统筹协调发展机制"。

继续教育既是终身学习理念的倡导者、传播者，也是终身学习的重要载体。美国教育社会学家马丁·特罗认为：高等教育是学校教育和终身学习两个系统的关键节点，必须担负起不可替代的历史重任。因此，发展继续教育是高校应承担的使命和责任，以终身学习理念引领推动高校本科、研究生教育与继续教育统筹协调发展，构建体系完备的人才培养体系，是高等教育综合改革的一个重要趋势和方向。

清华大学继续教育以终身学习理念引领改革和发展，以"广育祖国和人民需要的各类人才"为使命，努力办出特色办出水平。为了更好地总结清华大学继续教育三十多年的创新实践，清华大学继续教育学院启动了"清华终身学习丛书"编写出版工作，该丛书以习近平新时代中国特色社会主义思想为指导，顺应国内外终身学习发展的大趋势，围绕终身学习/继续教育基本理论、创新实践及学科行业新前沿，理论创新与实践应用并重，争取在五年内推出一系列精品图书，助力中国特色、世界一流的继续教育建设。

聚沙成塔、集腋成裘。希望通过这套丛书，倡导终身学习理念，弘扬终身学习文化。

郑力

清华大学副校长

序言

弯而不折（Bent not Broke）

在 1953 年 1 月的最后一天，来自北海的强风在满月的帮助下引发了巨大的风暴潮，摧毁了英格兰和苏格兰东部低地。在北海的另一边，即荷兰的西南角，莱茵河分裂成一个由河口和低洼岛屿组成的区域，潮水涌过堤坝进入西兰省。这个省被恰当地命名为"西兰"（Sealand），在英语中意思是"泽国"。潮水淹没了房屋、学校和医院，造成 1 800 多人死亡。对于这个懂水且善于治水的国家来说，这是一场令人震惊的灾难。

荷兰与水关系密切，从阿姆斯特丹运河到"民族团结"政治，无不体现着这个国家与水的联结。之所以有"民族团结"政治，就是因为历史上荷兰人总需要共同努力，疏通被水覆盖的大片地区。对荷兰人来说，与水的博弈几乎成了一种本能的冲动，控制水的走向是他们生存的必备技能。当得知 1953 年 1 月的这场悲剧后，荷兰政府立刻采取了紧急措施，以防类似情况再次发生。虽然荷兰人已经建造了一堵可以在 1 000 年内抵御海水破坏的坚固墙，但他们仍然认为这远远不够，荷兰需要建造世界上最坚固、最扎实、最安稳的防潮墙。

举世闻名的"三角洲工程"历时 40 年，终于在 1997 年竣工。该项目将大坝、风暴潮屏障和防洪闸连接起来，有效地缩短了需要堤防保护的海岸线的长度。美国土木工程协会认为"三角洲工程"是"现代世界七大奇迹之一"。人们一致认为，如果这个项目在 1953 年就存在的话，荷兰就不会受到北海洪水的侵袭了。然而，与马奇诺防线一样，对已知威胁的强力保护有时却是乏力的。在一个不确定的环境中，威胁可能来自许多地方。1993 年和 1995 年，瑞士阿尔卑斯山的融雪洪水从瑞士经过德国涌入荷兰，完美地绕过了精心建造的"三角洲工程"，与半个世纪前的马奇诺防线一样，"现代世界七大奇迹之一"成了一个笑话。虽然与 1953 年相比，1993 年和 1995 年的洪水相对较轻，但西兰省还是再次被洪水淹没，25 万人被疏散，造成了数亿美元的损失。

几千年来，人们一直试图"改善"河流的运行方式，他们把弯弯曲曲的河道理直，用堤坝把它们拦起来，以期保护附近的土地免受可预见的灾害。这些思考在简单连续的环境条件下仿佛可行，但在复杂动态的环境中往往是危险的。建造堤坝和防洪墙确实减少了小洪水造成的威胁，但增加了大洪水造成的危险。堤坝和防洪墙使得河道变得狭窄，水位越高，水流越快。与此同时，随着堤坝后面的土地沉降效应更加严重，越来越多的毫无戒备的人搬进了曾经会被洪水淹没的地区，反而引发了新的隐患。荷兰水利管理部估计，一次洪水将会置400 万人于危险境地。

然而，在这次洪水之后，荷兰人采取了不同的方法——打造"河流空间"项目。新的地方河流管理计划放弃用传统的指挥和管理方法控制自然。该计划包括为河流建造新的旁道并降低堤坝高度，当河水不可避免地上涨时，农场就会被淹没。但这些措施可以有效降低莱茵河、默兹河和瓦尔河已经很高的水位，并提高它们在洪水面前的"韧性"。虽然有媒体曾批评这种做法："在一个几千年来一直在修建越来越高的堤坝的国家，这个计划过于激进，甚至不正常。"但一位风暴潮防护专家解释说："如果你反抗自然母亲，自然母亲就会反击，水需要空间。""河流空间"接受了洪水这一不可避免的事实，其实代表着一种观念上的转变，即从让荷兰免受洪水的侵袭，转向让这个国家在面对洪水时更有"韧性"。在荷兰，人们开始认识到"早期的命令和控制方法并不奏效"。其他国家和组织现在也开始做同样的事情，从严格的防洪措施转向更强的抵御能力。

"韧性思维"是一个快速发展的领域，是应对复杂情况下新挑战的一种新方式。在一个"韧性"系统中，管理者要接受将不可避免地遇到意想不到的威胁这一事实，而不是试图建立强大的、专门的防御系统，他们需要构建"韧性"来对抗打击甚至从中获利。"韧性"不仅能帮助组织应对意料之外的威胁，而且在必要时能让其从无情的打击中恢复过来。投资者兼作家纳西姆·尼古拉斯·塔勒布（Nassim Nicholas Taleb）提到了一个类似的概念——"反脆弱"。他认为，"脆弱的系统"在一次冲击中崩溃，"反脆弱的系统"能够经受住冲击，就像免疫系统一样，可以从冲击中受益。[1]

近年来，人们对这些概念越来越熟悉，其实，许多与"韧性"相关的技术并不新鲜。在环境基础设施方面，与"韧性"相关的技术意味着寻求与自然的谨慎共存，这在人类历史上已经画上了意义深刻的一笔。韧性理论的支持者认为，我们无意中"削弱"了我们周围的许多系统。我们试图专业化，提高效率，甚至让自然中不可预测的部分变得可预测（比如莱茵河的河道），这造成了新的威胁，削弱了我们的恢复能力。

正如大卫·索尔特（David Salter）和布莱恩·沃克（Brian Walker）在他们的《韧性思维》（*Resilience Thinking*）一书中解释的那样："人类是伟大的乐观主义者。我们环顾四周，无论是一头牛、一栋房子，还是一个股票投资组合，我们问自己，是否能将回报最大化。我们通常的做法是把东西分成几个部分，然后试着弄清楚每个部分是如何工作的，输入什么初始条件才能得到最好的结果……（但）你越是为了某一特定目的优化人与自然的复杂系统中的元素，你就越会破坏这个系统的韧性。试图在效率上获得最佳结果会使系统更容易受到冲击和干扰。"在书中，他们将韧性定义为"系统在保持基本功能和体系结构的同时抵消干扰的能力"。[2]在一个复杂的世界里，干扰是不可避免的，吸收冲击并从中恢复的能力变得越来越重要。

大多数时候，我们的本能是预测并利用力量来对抗感知到的威胁。但我们总是在不经意间过分自信地认为一切都是可以优化和预测的，甚至妄自尊大地认为我们能够"知道我们不知道的"并"预测我们不能预测的"。相反，韧性建构在谦卑的意愿之上——总有一些事物是我们"无法知道和预测的"。加州理工学院的工程学教授约翰·多伊尔（John Doyle）将类似"三角洲工程"的系统描述为"刚性而脆弱的"。这样精心设计的人工工程，虽然规模庞大，但对其设计初衷所要对抗的环境来说，它们过于简单、机械和固化，只能对单一的威胁做出僵硬的反应，同时很脆弱。

主张"韧性思维"的思想家和作家安德鲁·佐利（Andrew Zoli）认为，埃及金字塔是一个强大但脆弱的体系的例子。[3] 到目前为止，这些金字塔能够幸存下来的事实表明，它们对于建造者所设想的威胁——风雨和时间的侵蚀——有着惊人的抵御能力。如果出现意外的打击，比如炸弹把金字塔炸得粉碎，整个结构无法靠自己重建。但是，珊瑚礁在飓风中幸存下来，不是因为它"刚强"，而是因为它有韧性。大风和海浪可能会摧毁一定比例的珊瑚，但只要珊瑚礁足够大，它就会恢复。如今珊瑚礁正在萎缩，部分原因是人类的破坏，而不是周期性的风暴。人类对珊瑚的破坏太快、太无情，以至于珊瑚无法恢复，即使它们可以大规模生长。

就像金字塔一样，通过加强系统的每个部分，可以实现一个刚强的系统，而韧性系统的优势是根据客观变化或意外冲击进行重新安排和调整，就像珊瑚礁一样。我们对许多客观情况的反应，无论是在工厂车间中，还是在战场上，都聚焦于建造和加强结构以抵御可预见的危险。然而，正如前面提到的，所有这些事实都受到一些不可预见性的干扰。要挺过这类危机，我们不仅需要变得强大，还需要变得更有韧性。我们谦卑地接受会有意外和无法预见的事件发生，所以建立一个系统，在面对未知的冲击时不会崩溃，甚至能从中受益，这样反而能在不确定的情况下获胜。正如佐伊（Zoe）所说："潮汐很难驾驭，我们可以建造更好的船，而不是试图驾驭它。"

要想成就"韧性"，我们首先应该对所处的现实世界建立正确的认知。在第1章"拥抱不确定性"中，我们介绍了偶发事件的力量和预测带来的图圄，我们无法避免现实世界的不确定性，最好的方式是与之和谐共处并利用蕴藏在不确定性中的力量。为了实现这一目标，我们必须要克服不确定性给我们带来的恐惧，学会欣赏"随机"带来的美丽，接受并期待"意外"带来的惊喜。

在建立对现实世界的正确认知后，我们需要对人进行深入了解。在第 2 章"走出固化的陷阱"中，我们介绍了过去对个人和组织的禁锢力量，这让我们在无意识中，踏入了惯性思维的陷阱和路径依赖的泥潭之中，而要想摆脱它们，我们必须学会在经验之外思考，推翻那些习以为常和理所应当。我们应该认识到人性的弱点就是懒惰和认知吝啬。看清和接受自己，让我们能够有意识地放下熟悉的工具，更有效地进行创造。

在建立正确的世界观和个体认知后，我们应该重新反思自己是如何看待问题的，这些看待问题的视角和方法是否存在问题，是否从一开始，我们就走上了一条错误的道路，这致使我们无论使用什么工具都无法到达理想的终点。在第 3 章"重新确定问题"中，我们重新确立了解决问题的步骤，我们应该学会追问自己——思考问题的本质是什么？怎样提问是最有效的？如何从源头去思考问题？通过对这些问题的追问，能够帮助我们更有效地解决问题。同时，我们还应该意识到，世界上永远只有一少部分人敢于追求"伟大"，视野决定高度，敢于"不同"，让我们得以成就非凡与卓越。

在追求"韧性"的路上，我们不该害怕失败，我们永远不该忘记，失败是成功的另一个名字。在第 4 章"试错的力量"中，我们通过喷嘴实验等一系列事实证明了实验、测试与试错的力量。允许失败、积极失败、快速失败、经常失败、拥抱失败，让我们学会失败，并为失败而欢呼，这让我们得以走向成功。

我们必须接受的一点是，资源是有限的，在这个世界上，没有任何一个人或组织能够拥有所期望的所有资源，学会转化限制，能让我们在"有限"中起舞。在第 5 章"转化限制"中，我们展示了拥有与失去的悖论，以及限制中如何蕴含着那些潜藏的机会。有时候，那些看似阻止我们前进的障碍，其实是能够帮助我们前进和摆脱困境的"朋友"。另外，我们建议除了接受那些已有的限制，还应该进行自我设限。你会发现，许多时候，少即是多，那些真正有用、历久弥新、留存于人世间的，往往是最简单的东西。

这个世界远比我们想象中复杂，我们必须学会欣赏多元化的力量，因为它帮助我们更好地理解和认识这个世界。在第 6 章"推进多样性"中，我们用一系列案例展示了一个"一切并非显而易见"的世界，学会辩证地看待"冲突"与矛盾、细节与全局，学会引入局外人和外部视角，都能让我们无限接近事实的真相。

虽然人的生命终有结束的那天，但是商业是一场无限游戏。你我都是其中的玩家，没有永远的赢家。在第 7 章"打开成长空间"中，我们揭示了无限思维和有限思维的逻辑，探索了创新的本质及权威与细节的局限所在。只有不断成长，不断挑战自己，我们才能成就"韧性"，才有可能一次又一次跨越极限，成长为不死鸟！

参考文献

[1] Taleb N N. Antifragile：Things that gain from disorder[M]. Random House，2012.

[2] Walker B，Salt D. Resilience thinking：sustaining ecosystems and people in a changing world[M]. Island press，2012.

[3] Andrew Zolli.Resilience：Why Things Bounce Back[M]. Simon & Schuster，2013.

目录

第 2 章

走出固化的陷阱 / 29

第 3 章 ————

重新确定问题 / 60

第 5 章

转化限制　/　112

拥抱不确定性

第 1 章

没有一个叫意外的东西，它只是命运的另一个名字。

——拿破仑·波拿巴

🏆 1.1 偶发事件的力量

1.1.1 什么是即兴创造行为

商学院的案例研究有不少是基于后见之明。这就像一部老式惊悚片的情节，好人和坏人的定义很明确：好人不停地处于可怕的麻烦中，但他们知道自己在做什么，而且随着故事的推进，总会有一丝胜利的曙光。但商业并不完全如此，好人并不总是知道自己在做什么。他们尝试一种方法，发现它不起作用，然后转向其他策略，不断重复这个过程，直到他们最终找到有效的方法。

我们把这种行为称为组织即兴行为，组织即兴行为是指蓄意、自发和新颖的行动，它涉及未完全预先设计的努力，其中包含与先前计划的偏差，并且其影响可能随即兴创作单位的价值而异。组织的即兴行为作为即兴影响的应急模型，可以作为解决方案的一部分，并给予了组织以应对变化环境和条件的必要灵活性。[1]

库尼亚（Cunha）与其同事的研究表明，在组织的即兴创造行为中，一个重要的偶然因素是对当时环境的物理条件和时间方面的关注，将注意力集中在立即和局部可感知的信息上可以被视为故意聚焦的近视行为，这是学习和适应理论中的一个重要主题。[2]

这里有一个很好的例子：20 世纪六七十年代摩托车制造商哈雷戴维森（Harley-Davidson）与日本新贵本田（Honda）之间的竞争故事。我们知道本田最终赢了，因为它向市场推出了比哈雷戴维森更低配置、更小、更有价格竞争力的摩托车。根据波士顿咨询集团（Boston Consulting Group）精心撰写的案例研究，本田之所以获胜，是因为它采用了与哈雷戴维森截然不同的成本领先战略。本田从 50cc 摩托车起步，逐渐发展到可以与哈雷戴维森摩托车竞争所有车型，它能做到这一点是因为它的成本和价格更低。

波士顿咨询公司的报告写得非常出色，数据准确且有深度。然而，作为历史，它充满了谎言。本田最初的战略实际上是错误的，发现正确的战略是一个偶然。本田知道它的小型 50cc 轻便摩托车在美国没有市场，公司并没有打算在那里销售它们。公司的市场调查显示，美国人喜欢重型、快速、动力良好的摩托车，而价格对他们来说相对不怎么重要。所以本田决定设计并制造一辆大型且昂贵的摩托车，然后派了三名员工到洛杉矶从事销售工作。

整个计划彻底失败了。大多数经销商拒绝了本田的摩托车。最糟糕的是，本田员工只卖出了数百辆。由于本田没有制造高速长途摩托车的经验，产品表现不佳，容易出现离合器故障和漏油等问题。本田公司只能将需要替换的零部件从日本空运到美国，但这样做的成本几乎使公司破产。

川岛喜八郎（Kihachiro Kawashima）在美国领导着一个三人的销售团队，

但这项任务并不讨人喜欢。一个周六，为了缓解工作压力，他骑着一辆从日本越洋运来的 50cc 本田小型摩托车去洛杉矶附近的山上兜风。第二个星期，他邀请同事们一起骑着小型摩托车去兜风。而这三辆小玩具摩托车引起了人们的注意并受到了称赞，很多人都问在哪里可以买到它们。基于这个偶然的机会，本田员工通过当地环境的物理条件和时间等因素，抓住了局部立即可感知的信息——那就是美国顾客喜欢这种小型摩托车，并认为它可以满足他们兜风放松的需求。聚焦于这一点，这三名本田员工开始相信，他们可以把这些小型摩托车卖给美国顾客，让他们把这些摩托车当作娱乐消遣工具，就像他们自己周末骑摩托车越野一样。日本总部对这个想法嗤之以鼻，仍然坚持市场调查的结论——认为魁梧的美国人永远不会购买小型摩托车。但是，在大型摩托车策略惨遭失败后，出于彻底的绝望，他们最终同意给川岛一个尝试的机会。接下来的故事你都知道了。小型摩托车市场开始腾飞，首先是用作休闲越野，然后成为美国人通勤和其他用途的选择之一。本田的摩托车在美国市场的销量从 1959年的 55 万辆增长到 1975 年的 500 万辆。随着销量的增加，本田能够进一步削减成本和零售价格，导致市场爆炸式增长。

这个故事告诉我们，本田最初选择了错误的战略，瞄准了一个已经完全被拥有更好产品的竞争对手所主导的市场。其实，它应该以差异化为战略目标。但另一方面，意外促成了本田的成功。本田通过偶然尝试那个看起来很糟糕的实验，却获得了意想不到的效果。管理大师亨利·明茨伯格将其称之为"应急战略"——传统的战略规划总是要求管理者对未来做出预测，这让他们容易犯不可避免的错误，明茨伯格建议管理者少依赖对长期战略趋势的预测，而更多地依赖对实际变化的快速反应能力。也就是说，管理者不应该试图正确预测未来趋势，而应该提高对当前形势的理解，以实践结果作为导向。在明茨伯格的《战略规划的兴衰》一书中，他指出："在未知水域为一艘船设定预先计划的航线，将最大限度地提高船只撞上冰山的可能性。"我们不得不承认，计划赶不上变化已经成为常态，尝试预测或者模仿以往或其他组织最佳实践的方法根本解决不了问题。

克里斯·比尔顿（Chris Bilton）和斯蒂芬·卡明斯（Stephen Cummings）在《创意战略》（*Creative Strategy*）一书中介绍了一种被称为"未来实践矩阵"的措施，能够鼓励组织探讨和尝试各式各样的实践，而不是仅仅将视野聚焦于那些最佳实践当中。核心在于组织不光尝试那些看起来优秀的"最佳实践"，还能去尝试那些新颖、独特、适合组织条件的实践，甚或看起来很糟糕的实践，通过调整改变，结合组织内在的独特优势将它们发展成为适合组织的、有前景的实践——引导组织发展的"未来实践"。[3] 在图 1-1 中，我们展示了组织形成最佳实践的过程，这本质也是组织的一种即兴行为，通过这种看似随意偶然的实践尝试能够打破组织的僵化，带来灵活性，从而促进创造。

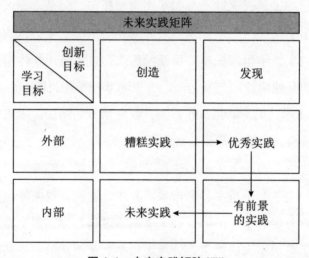

图 1-1　未来实践矩阵 [4][5]

同样，谷歌的战略是没有战略。管理大师加里·哈默尔（Gary Hamel）表示："谷歌通过推出尽可能多的新产品，正在积极地使用达尔文式的策略。"谷歌采用一个简单的进化机制：刚开始是一个搜索引擎，然后与美国在线和雅虎网站合作，把采样转换成收入，然后把搜索结果和广告绑在一起，再让谷歌将广告与任何网页链接。这一发现纯属偶然，当时谷歌正在开发 Gmail，通过 Gmail 的收件箱发送关联广告，这一做法被扩展到谷歌的应用程序和其他项目。哈默尔说："就像生物体对有希望的基因更加偏好一样，谷歌将其成功归功于意外发现。"这句话道出了许多公司的真实情况,包括全食公司(Whole Foods)首席执行官约翰·麦基(John Mackey),他称自己是"意外和偶然成就的杂货商"。 我们无法判断哪件新事物能成为一种战略性的创新,但是在尝试新事物的组织会形成有前景的、能够超越以往最佳实践的未来实践,通过吸取无论是成功还是失败经验不断演进,从而获取更多生存乃至取胜的机会。戴森吸尘器在发明成功以前,曾有过 2000 多台失败的原型。詹姆斯·戴森(James Dyson)很喜欢说的一句话是:"人们总是太关注'成功'故事而忽略了失败也是进化过程中的一部分。"

但值得注意的是,组织即兴行为还会带来一个问题,当组织没有准备或执行不当时,组织反应的必要清晰度和效率也会受到损害,即这里强调的一个事实是,因计划不周或准备不充分而导致的即兴创作行为会引入本可以最小化的不必要风险。

1.1.2 如何创造组织即兴最佳效果

我们可以看到,在组织中,即兴创作行为能够成为管理组织获取关键张力的一种方式,这种张力来自于计划和行动之间。[6] 组织需要正式战略计划,但也需要能以新颖和不可预见的方式响应情境需求的方案。即兴创作不是将计划和行动作为两个对立的、不可调和的两极,而是将两者联系起来,它以预先存在的计划为基础,但根据情况需要对其进行调整。换句话说,即兴创作将计划和行动结合在一起,两者都不可或缺,你可以把它理解为是组织预先安排与自发的混合模式,组织将一定比例的控制与创新、开发与探索、常规与非常规、自动与受控行为混合在一起,调节管理着组织中那些重要的紧张局势。

我们可以在组织即兴行为与爵士乐即兴演奏中看到许多共通之处,它们都是从一个特定的结构开始,即框架内即兴创作,但是这个框架又没有完全笼罩住它们。[7] 爵士乐和组织中的行动都受到战略计划和正式运营程序等结构的影响,但是,行动却是自发的,并在行动过程中引入了新的和不可预见的元素。

自发性和意外是爵士音乐家演奏出绝妙音乐的至关重要的价值观，而这也意味着他们的演奏是不可能完全预先计划好的——因为对于即将发生的事情必须存在不确定性。[8]

而有趣的是，在某种程度上，自发等于放弃控制，放弃控制必然会导致混乱。我们会发现爵士乐手会采取三种做法来进行有意控制以保证即兴能够带来最佳效果：①放手；②使用"第三只耳朵"；③抓住。通过放手能够脱离表演中的有意控制，使用"第三只耳朵"，就像自己有第三只耳朵一样，为有意识的意图创造一个被动的观察者角色，而抓住，则意味着重新进行控制。

同理，组织在能够提供探索新想法的自由的同时，又要保持结构和秩序以最大程度提高效率的矛盾。这种矛盾实际也像是爵士音乐家探索即兴创作的意识矛盾一样，不能通过仔细的计划和盲目的行动来解决，而是需要通过有意识的控制来进行实时管理。像爵士音乐家一样，将组织的自我意识（放手）解耦，同时将组织中部分成员置于被动观察者（使用"第三只耳朵"）的位置，然后准备好在有需要时重新进行有意控制（抓住），并根据需要将其进行循环重复，放手让基于计划和习惯的熟悉的思维模式退居幕后，这样人们就可以看到行动的流程和他们所处的环境，而不会过度沉浸于当前的行动过程。"第三只耳朵"被动地监视情况以寻找有趣和新颖的想法，同时保持有意识的意图以应对协调挑战。通过这种有意识的意图，人们可以迅速抓住这些机遇和挑战，为组织思想的流动提供微妙、松散的指导，并利用这种控制的调节操作达到最好的即兴效果。

为了在团体和组织中更好地应用关于调节有意控制的方法，放手使用"第三只耳朵"的具体策略也可以在个人之间分配，而不是像爵士音乐家所描述的那样在个人内部进行管理。换言之，人们可以依靠他人充当"第三只耳朵"。结果是，那些放手的人可以更自在地放弃控制，甚至测试他们的反应，因为他们相信"第三只耳朵"角色的存在是为了充当安全网并发现新想法。只要这些角色被理解为互补而不冲突，意向性悖论实际上可能更容易通过使用其他角色来导航。在这个过程中，创造力能够在计划和即兴之间的临界空间中茁壮成长。

🏆 1.2 预测的囹圄

1.2.1 认清复杂系统本质

复杂系统由大量的元素组成。在组织环境中，这些元素是为组织工作的人以及他们所聚合成的正式和非正式单位。复杂系统研究主要集中在物理学、生物学和计算机科学领域，现在也涉及社会科学领域。

复杂系统具有开放特性，并且在远离平衡的条件下运行，组织与外部世界交换资源和信息也是如此。因此，为了保持组织的稳定，组织的领导者和管理者需要持续监控这种交流，以识别威胁和机会，并不断努力，使组织保持在适应状态。这种将组织视为复杂的适应性系统的视角也增加了我们对组织变革和转型的理解。[9]

造成组织复杂性的主要因素有两个：一个是组织现实的结构情况，另一个是组织成员持有的认知地图或者心智模式。与结构相关的复杂性取决于组件的数量、密度以及它们之间关系的可变性。与结构相关的复杂性几乎不可避免地会因认知复杂性而加剧，认知复杂性主观且不易观察，我们也将调和这些差异的尝试描述为意义建构的过程。管理者经常会在无意中增加组织系统的复杂性，即使他们本意并非如此，他们对环境变化的最典型反应是：改变结构、增加产品组合，或在传统组合和流程环境之上开发新流程、加入新变量。结果是，他们往往容易掉入无法获取预期组织能力的陷阱。

20 世纪 90 年代，灰背甲壳虫入侵澳大利亚昆士兰州。这种甲虫摧毁了甘蔗田，但农业专家很高兴地发现，在夏威夷，海蟾蜍这样的自然捕食者可以阻止灰背甲壳虫。1935 年 6 月，澳大利亚政府从夏威夷引进了 102 只这种神奇的动物，并将它们放归小坟墓河。今天，如果你在小坟墓河或任何附近的河流、湖泊或河口撒网，你第一眼看到的是一团黑色的"淤泥"，实际上是一大团闪闪发光的黑色海蟾蜍卵。一只雌性海蟾蜍在一个夏天可以产 4 万个卵，而

7

且这些卵能顺利孵化并成长为成年海蟾蜍，因为它们在澳大利亚不会遇到捕食者。

随着海蟾蜍数量的增加，它们逐渐占领了公园、花园、高速公路和池塘。它们吃鱼、青蛙、鸟，甚至会吃螃蟹，食量惊人。显然，它们来到澳大利亚，除了灰背甲壳虫外什么都想要。原因似乎太简单和明显了。澳大利亚和夏威夷物种的生物圈有巨大的差异。在澳大利亚，灰背甲壳虫并不能满足海蟾蜍在野外的食物需要。事实上，海蟾蜍不仅食量惊人，而且它们外皮有毒，狗、鸭和蛇吃了它们后会很容易死亡。澳大利亚采取各种措施治理海蟾蜍，例如栅栏和陷阱，但收效甚微，一些学者称其为"十大入侵地球的有毒物种之一"。

1.2.2　线性模式，悖论？

复杂系统中相互作用因素的类型和数量远远超出我们做出准确预测的能力。商业环境就是一个复杂系统，任何以线性方式预测和控制的尝试都会遇到麻烦，因为它们本身就以非线性方式表现。不可预测的复杂性是生活中的事实，对于被技术和其他因素不断干扰的商业组织而言更是如此。经济学家、哲学家德里希·哈耶克（Derich Hayek）认为，经济体系永远不可能被简化为机械体系，经济行为由数百万或数千万人做出的相互影响的决定组成，因此不可能预测市场的方向。

几个世纪以来，牛顿解决复杂问题的方法让我们盲目乐观和骄傲，相信复杂的经济密码可以通过足够的数据和努力工作破解。预测者容易受到希望、期望甚至预感的影响，产生积极的新近效应，俗称"赌徒谬误"，发生在一系列积极事件（例如一连串获胜的掷骰子）当中。研究表明，预测者就像赌徒一样，错误地从长期的好运或者厄运当中推断出意义，但变量和结果之间的一系列抵消关系纯粹就是幻觉。[10] 事实上，大多数环境都是不可预测的，包括政治学家和柏林墙两边的人在内，没有人预测到这堵墙会倒塌。婴儿潮的爆发和个人计算机的出现让预言家们目瞪口呆。1897 年，时任伦敦皇家学会（Royal Society of London）主席的开尔文勋爵（Lord Kelvin）说："无线电没有未来。"现代汽车工业的先驱戈特利布·戴姆勒（Gotrib Daimler）认为世界上的汽车将不会超过 100 万辆。马克·吐温说过："预测是困难的，尤其是预测未来。"

当美国分析师回顾 2001 年至 2006 年的预测时，他们发现，对 12 个月的预测准确率为 47%，对 24 个月的预测准确率为 93%。正如作家兼投资者詹姆斯·蒙蒂尔（James Montier）所言："预测未来显然是一件愚蠢的事情，而且说实话，三只瞎老鼠在预测未来方面要比任何宏观预测者可靠得多。"

这为我们揭示了这样一个事实，核心能力的积累并非总是线性的，它可能会是一个曲线，甚至可能产生凹陷，即使是有计划地组织学习也不一定能够突破这个陷阱，反而可能导致企业深陷其中。组织过于重视可靠性和可预测的能力，无法有效对潜在商业机会进行探索。有时候失败的产生，并不是组织拒绝的结果，而是组织堕入能力陷阱当中错误学习的结果。

可笑的是，许多人没有意识到世界上几乎没有什么是可预测的，公司和个人在战略预测上花了很多钱。由"算命师"组成的"预测行业"——世界银行、股票经纪人、技术咨询师和商业咨询师——每年赚 2 000 亿美元，尽管他们过去的记录很糟糕。对外行人、专家和政客来说，预测未来是一个巨大的挑战。彼得·德鲁克（Peter Drucker）说："试图预言未来，就像夜间行驶在黑暗的乡间小路上，还要不时向后张望。"

1.2.3 环境永远不确定

很多人认为"大数据"会极大地提高预测的准确性。事实上，"大数据"拯救不了我们。是的，"大数据"代表着技术的进步，但它一方面给我们带来了大量可供分析的信息和数字资源，另一方面也造成了不稳定的传播网络和媒体平台，改变了许多社会领域。在过去，我们缺乏数据，但事情相对容易预测。现在，我们有很多数据，但很多事情更加不可预测。

这是纳西姆·尼古拉斯·塔勒布（Nassim Nicholas Taleb）的故事，他是《反脆弱：从不确定性中获益》（*Antifragile: Things That Gain from Disorder*）一书的作者。假设你投胎来到地球成为一只火鸡，一个屠夫出现在你的生活中。你当然害怕他会杀了你，但屠夫很善良，给你带来了水和食物。第二天，你发现屠夫又来了，带来的还是水和食物。第三天呢？你可以计算出这种情况发生的概率。根据著名数学家皮埃尔 - 西蒙·拉普拉斯侯爵（Pierre-Simon marquis de Laplace）的"平滑定理"，火鸡可以计算概率：

如果同样的事情发生了 n 次，那么它再次发生的概率是（$n+1$）/（$n+2$）。在这个故事中，n 是屠夫喂火鸡的天数。也就是说，在第一天之后，有 2/3 的概率屠夫会在第二天继续喂火鸡。第二天以后，概率增加到 3/4，以此类推，屠夫杀火鸡的可能性越来越小。当火鸡几乎百分之百确定屠夫会送食物，并认为屠夫会一直养它时，灾难来了，因为感恩节到了。

人类对确定性的渴望根深蒂固。17 世纪，德国哲学家戈特弗里德·威廉·莱布尼茨（Gottfried Wilhelm Leibniz）设想了一种数学或符号系统，可以代表所有的思想，并确定每个问题的最佳答案，从而结束所有的学术争论。如果有争论，一方可以平静地说："让我们坐下来计算一下。"

心理学家已经对这种判断过程进行了许多有据可查和可复制的研究，他们的发现指出了预测中许多可能的错误和偏见来源，例如受试者不愿意寻找与他们假设相反的可能证据，不愿看到预测过程中的随机事件和模式。即使被告知他们的理论是错误的，那些以确认的预测形式得到反复强化的受试者也会相信他们的理论是正确的。在推理研究中，大量记录在案的案例显示：聪明的受试者仍然保持着自相矛盾，并用精心构建的合理化来捍卫他们的预测。当信念被坚定地拥护时，人们会回避与其相矛盾的证据，并在遇到这些证据时，试图否认或贬低这些证据。

事实上，伟大的莱布尼茨做不到。今天，我们仍然热衷于发明处理不确定性的方法，依赖标准的预测模型，而不是面对现实世界。事实上，不确定性、随机性并不都是消极的，如果你从不犯错，你发现和学到的东西要少很多。

🏆 1.3　克服对不确定性的恐惧

1.3.1　借助局外人的帮助

人本能地对不确定性感到害怕，因为它威胁到我们的心理安全，让我们不自主地想要抵制变化，这在一定程度上会导致个体和组织的惰性、路径依赖，让我们掉入能力的陷阱当中。[11] 为了提高对事件中突发性问题的管理水平，个人和组织必须首先学会接受不确定性，改变事件中已知的标准方式，使用不同的管理工具和视角来解决问题。换一个角度想，我们是否能够利用恐惧，接受不确定性来进行学习？

想象有一条非常黑暗的街道。远处的一盏灯照亮了人行道上的一小块圆形区域。你走向一个蹲在路灯下的人，问他在做什么。"找我的钥匙。"对方回答。你自然想帮忙，因为他看起来很绝望。天很晚了，很冷，两个人一起找显然比一个人好。所以，为了提高效率，你问他："顺便问一下，你把钥匙丢在哪儿了？"这个人指着你身后 100 米的一个黑暗之处答道："我把钥匙掉在那里了。"你问："那你为什么还要在这里找？"他回答："因为只有这里看得见啊！"我们强烈拒绝探索黑暗的地方，但那里可能隐藏着通往新世界的钥匙。这是一个寓言，一个警示故事，迫使我们反思看待事物的方式。

不确定中蕴含着重大的机会，如果我们自己无法克服这种恐惧，那么就去寻找能够给予我们帮助的局外人，借助局外人的力量，从箱子里跳出来。罗兰·杨（Roland Yeo）和苏·多普森（Sue Dopson）认为通过局外人的提问，我们能够将个人的声音与外界建立联系，这种关系体验增强了我们对于角色边界转变的敏感性，特别的一点在于，局外人能够帮助行为者理解他们会做什么（制订的计划）和他们实际做了什么（真实的行为），通过反思性的叙述和深入对话批评的迭代过程，形成一种协作话语体系，引发行为者产生解决问题的新思路。[12]

丹尼斯·乔亚（Dennis A. Gioia）及其同事的研究表明，利用局外人等信息提供者提供的知识，可以帮助个人深入了解组织和组织的特征[13]，这些特征可能是他们自身很难发现的。作为一种知识代理人，信息提供者能够表达特定问题或信息的含义，并围绕特定的逻辑去梳理它们，这有利于帮助那些在具体问题中感到挣扎和紧张的人看到可替代的认知和行为模式，这些反过来重塑了问题的背景和实践行为。[14]

1.3.2 利用意外和干扰

我们总是认为意外和干扰是消极词汇，因为它们的出现会阻碍我们的计划，打乱我们的生活和工作秩序。事实上，意外和干扰也有积极的意义。2014年，伦敦地铁系统遭受了为期两天的大罢工，171个车站被迫关闭。这一突如其来的事件，让依靠地铁通勤的人们陷入了困境。在罢工期间，许多人不得不放弃旧的习惯或路线，乘坐公共汽车、城际火车或其他正常运行的地铁线路。当三位经济学家在罢工后收集信息时，他们发现，大多数人在罢工期间改变了通勤方法或路线，这并不奇怪。然而，当地铁恢复正常后，仍有5%的通勤者继续使用新的方法或路线。这是为什么呢？显而易见的答案是，地铁罢工的这一意外事件给一些人带来了新的通勤选择，而新的选择实际上比旧的更好，或更便宜、更省时。你看，意外帮助一些人有机会去优化他们旧的通勤方式。威廉·斯塔巴克（William Starbuck）认为不确定条件下带来的意外给予了人们放弃预先确立的方法和战略的机会，因为人们被迫对不完全理解的事件和状况做出反应，从而促进了人们进行探索、学习和实验。[15]意外事件的发生意味着人们形成了一种应该质疑那些没有预见到的事件的心理认知框架。人类认知的局限性意味着人类对复杂系统的分析可能会存在很大的错误，所以要寻求额外的数据、考虑不同的解释和暗示，以及尝试实验行动。罗伯特·威尔特班克（Robert Wiltbank）等研究者认为在这个过程中，个人和组织会采取一系列战略行动，进行一次又一次的尝试，同时从失败的尝试中得到反馈和推论，在这个循环的实验和探索过程中，他们将更有可能生存和获得成功的机会。[16] 因为个人或组织的行动是以有效性为前提的，而非基于以往认知订立目标，所以这种坚持不懈的努力将使他们更可能发现通往成功顶峰的路径。

当意外和干扰让企业家、艺术家、科学家和工程师从山顶跌落谷底时，眼前的困难却能激励他们去攀登，带领他们到达新的顶峰。一旦我们离开自己的山峰，到达一个新的谷底，就可能会有新的发现。在查兰·内米斯（Charlan Nemeth）组织的一项实验中，两组受试者被要求大声说出幻灯片所显示的颜色。当幻灯片是蓝色或绿色时，一组受试者的搭档会给出错误的颜色来干扰受试者的注意力，受试者并不知道他们的搭档是故意的。例如，当看到蓝色的幻灯片时，受试者的搭档故意说它是绿色的。在这波干扰之后，受试者被要求回答："绿色和蓝色让你们有什么联想？"有人回答说："天空、大海或者眼睛。"而那些被故意分散注意力的人给出了更有创意的答案，比如悲伤、毕加索、火、爵士乐。两位研究人员证明，故意制造的干扰反而刺激了受试者的想象力。爱因斯坦说："如果一张混乱的桌子代表头脑混乱，那么，一张空桌子代表什么？"

在稳定时期，组织会逐渐发展和僵化，形成关于什么是重要的以及系统应该如何工作的一致意识形态。这些意识形态通过确定谁拥有专门知识和谁应该有发言权，将治理和控制问题联系起来。当战略事件表明变化可能有用时，意识形态阻碍了改变战略的努力，打断了使战略生效的计划。[17-18] 陷入严重战略困境的公司总是表现出固有的意识形态，这使它们对那些具有战略意义的事件视而不见，并且坚守着阻碍变革的结构。这时候，我们会发现，意外和干扰让个人和组织有机会跳出这种惯性思维和固有意识形态的局限。由于回答或决策是在意外干扰情况下做出的，这个偶然的决策可能最初被认为是错误的假设，但最后却以意想不到的效果，让个人和组织有机会打破机械系统，发展出更加灵活且富于创造力的系统，以应对不确定性带来的挑战。在图 1-2 中，我们展示了组织在不确定环境下学习的过程。

图 1-2　组织在不确定环境下学习 [19]

🏆 1.4　欣赏"随机性"

1.4.1　非线性推进

就像意外和干扰一样，"随机性"（randomness）有时可以被用作打破僵局的管理工具，这就是"非线性推进"。假设有一头驴，它的饥饿程度和口渴程度是一样的，我们把它放在距离食物和水一样远的地方。想象一下，这头可怜的驴又渴又饿，不知道是先喝水还是先吃东西，最后死于饥渴。现在，如果我们添加随机性，只要稍微朝任何一个方向推这头驴，让其靠近一边，远离另一边，僵局将立即被打破，快乐的驴会先吃东西再喝水，或先喝水再吃东西。这就是 14 世纪法国哲学家让·布里丹（Jean Buridan）提出的"布里丹之驴"（Buridan's donkey）。

我们小时候经常通过玩"抛硬币"的游戏来解决生活中的小僵局，引入随机性来帮助我们做决定，甚至称其为"让命运来主导"。这确实是一种聪明的方法，当我们在数学中需要处理一个函数时，也经常使用这种方法。

在面对当今以多变性、不确定性、复杂性、模糊性（VUCA, volatility、uncertainty、complexity、ambiguity）为特征的全球环境时，如何理解这种随机性和非线性概念，可能比任何时候都更为重要。我们应该且必须认识到，现实世界的许多问题已经不能再依靠以预测和控制为核心的实证主义思维来解决[20]，在高度不确定的组织复杂环境中，我们的认知和能力建设越来越基于复杂的立场，这也是为什么组织研究领域越来越强调自组织这一概念。就像是在海里游动的鱼群，单独游动的一些鱼形成了一个富有凝聚力的鱼群图案，这种图案的形成不是由单一的鱼强加命令，而是通过遵循一些简单的行为规则（例如一直待在临近的其他鱼周围，但又不要太靠近）而产生的自发组织。这种非线性的涌现现象被称为自组织，自组织是系统可以自发优化能量分布以在动态条件下创造更稳定结构的机制。[21] 它也是组织应对复杂环境形成复杂自适应系统（CAS，complex adaptive system）的基础，这种系统植根于复杂科学，被广泛应用于生物学、化学、物理学和其他自然科学领域[22]，并致力于探索系统元素之间的连续微观相互作用，以在宏观层面上创建动态的非线性秩序。[23] 放在组织运营中，这种系统可以具体描述为管理者在这个过程中不断结合正反馈和负反馈来调整组织的架构、活动流程和战略选择，将系统维持在无序和有序的均衡点上，在无序中涌现不断的创新，又能有序使演化"放而不乱"。系统是开放的，同时又是远离平衡状态的，通过持续与外界进行物质和能量的交换获取自组织过程的动力。[24] 复杂自适应系统能够帮助组织走出效率与创新的困境，帮助管理者以更全面的视角理解变化。根据复杂科学的观点，复杂自适应系统通常表现出两种涌现特性：一是系统元素相互作用产生的自发秩序，二是随时间演化产生的创新。这解释了为什么复杂自适应系统能够迅速改变、适应和共同演化，以适应不断变化的环境。

1.4.2 吸收、适应、生成

那么组织的领导者应该怎么做才能在组织内应用这种复杂自适应系统，以应对 VUCA 环境的影响呢？伊丽莎白·卡斯蒂略（Elizabeth A. Castillo）和麦·郑（Mai P. Trinh）提出领导者可以通过培养三种认知能力——吸收能力、适应能力和生成能力来克服在 VUCA 条件下组织可能陷入的技术理性和实证思维的局限。[25]研究结果表明，这三种能力能够使组织更有效地与运营环境进行互动，接受和处理信息，并通过资源转换和创新为组织创造价值。通过将不确定性作为一种资源而不是试图控制、预测和消除它来克服实证主义的局限性，能够促进适应性的产生和自组织的出现，从而支持组织在复杂环境中生存和发展。

第一种能力是吸收能力。随着信息流动的速度越来越快，组织必须快速识别相关数据，吸收信息，并以创造价值的方式应用它们，这种能够使组织动态地、持续地进行创新的能力被称为吸收能力。[26]吸收能力通过组织内部及组织与外部环境之间多个层次的相互作用而创造产生。吸收能力的驱动因素包括学习关系、环境条件及内部和外部知识等。随着组织吸收能力的发展，能够增强其探索、利用、创新和恢复的能力。其中，多样性、意义创造和松弛是吸收能力的三个基本构成元素。多样性扩大了吸收复杂性的能力，这种多样性可以是功能多样性（根据角色和专业知识组建团队），也可以是种族、性别、年龄的多样性。研究表明，组织内部的功能多样性（团队中专家和通才的混合）、种族、性别、年龄等多维度的多样性提高了组织信息处理的能力，使组织能够更好地吸收外部环境中存在的多样性。而意义建构作为吸收能力的另一个方面，为组织开辟了新的可能性。意义建构并不以线性形成，通过行为而不是计划触发，是一个联结微观和宏观层面的递归过程。[27]例如，推动组织变革的员工可以通过意义建构来帮助公司，以其他员工和经理理解和采取行动的方式，识别外部威胁和机会。同时，它还可以帮助组织重新定义权力关系，使组织决策或建议能够更加直言不讳地提出，促进更高效的信息访问、流动和应用。值得注意的是，通过意义建构形成认知的过程，是通过在不确定性下施加秩序来接近的，它需要适应、调和与重新配置，这个过程要求意义建构者具备高水平的认知灵活性。[28]松弛作为吸收能力的第三个构成因素，是指组织在给定的计划间隔内保留可支配的过剩资源。[29]这种行为看起来似乎违背了被普遍认可的常理思维，与丰田等公司提出的精益生产以促进组织以最高效率运作的思想相悖，这种被普遍认可的效率思维可能会限制公司探索经营环境，无法适应不断变化的条件，因为，组织没有多余的资源去反应。相反，松弛缓冲了动荡的环境，为组织的创新、实验和成果的孵化创造了条件。但是，过多的松弛也会使组织面临风险，相关研究结果表明，组织的表现和松弛之间存在曲线关系，这表明松弛存在最佳的范围，超过该范围的松弛反而会损害组织的性能。[30]

第二种能力是适应能力。伊恩·威尔逊（Ian E. Wilson）曾说："再多的复杂也无法缓和这样一个事实——你所有的知识都是关于过去的，你所有的决定都是关于未来的。"吸收信息和知识的目的，在于为组织未来的选择和组织发展提供更多的资源，适应能力泛指领导者改变以适应组织所处环境的能力，包括但不限于修改现有程序、适应新环境及更新知识和技能以满足新的情境需求。适应能力让组织成员能够适应日益模糊和动态的组织结构，但事实上，我们不得不承认，许多领导者缺乏这种技能——由于文化和心理原因所致。许多隐含的文化规范认为领导者不应该表现出变化和不一致的行为，他们的言行必须一致，他们需要通过维护个人的经验、知识和信心来证明自己的能力。[31]因此，领导者为了保护自己的地位和声誉，不愿意从他人处寻求反馈或知识。许多组织领导者不寻求反馈，如果他们收到反馈，通常会表现出异议，因为寻求他人的反馈会使自己处于脆弱和依赖的境地，这是有风险的，而且让人感到不适。苏珊·阿什福德（Susan J.Ashford）及其同事的研究确定了人们寻求反馈的三个原因：为了获得有价值的信息以实现个人目标，捍卫、保护和增强自我，保持和提升自我形象。他们推测领导者寻求反馈的有限行为往往属于后两种，这表现为一种印象管理。[32]也正因如此，许多领导者在无意识中沦为了防御机制的牺牲品，并创造出了一种沉默的组织文化。缺乏和选择性地不接收自下的反馈信息，强化了他们的自信心，使他们倾向于过度自信，并同时助长了他们决策的不准确性。[33]我们能够看到，当领导者缺乏适应能力时是多么可怕，众多组织灾难发生的原因是由于领导者做出了错误的决定，忽略了来自较低级别员工反馈的信息。[34]缺乏适应能力，任何一个有能力的组织在面对市场变化时也只能束手无策。因此，重建领导的形象和角色至关重要。领导者应该从提供方向和解决方案的角色转变为为组织相互依存的不同部分提供支持、联系和整合的角色。就如埃德·沙因（Edgar H. Schein）所说："在一个日益复杂、相互依存和文化多样化的世界中，如果我们不知道如何提出问题并建立基于尊重／信任的相互关系，我们就无法理解并与来自不同职业、专业和民族文化的人合作，尊重和承认他人知道为了完成工作而需要知道的事情。"保持开放、谦逊，拥有寻求反馈的勇气，是促进个人和组织成功的必要条件。开放涉及领导者建立一个自我发展的学习议程，意味着领导者能够欣赏他人的贡献，学会授权以及促成合作。谦逊不是低估自己，而是承认自己局限的勇气和能力，在后面的章节中，我们还会详细讨论谦逊这种领导者的个人特质对组织成长和发展的重要性。

第三种能力是生成能力。虽然吸收和适应能力对于应对复杂环境很重要，但仅靠这两种能力是不够的，组织还必须建立生成能力，即进行创新和唤起促进持续创新的双重能力。在高度不确定的环境下，复杂的问题往往新颖且具有挑战性，它们不适合预先存在的类别、分析框架或技术理性概念图，而往往需要全新的解决方案。组织如何有条不紊地实现目标以促进生成能力的形成？萨拉斯·萨拉斯瓦西（Saras D. Sarasvathy）认为，企业家不应将自身和组织定位为利用现有情况，而应自我创造新机会，例如开发以前从未存在过的新市场。利用启发式方法，如实验、寻求新奇与不同，来保证组织与运营环境的紧密耦合。[35] 生成能力主要可以分为三部分，分别是设计、外展和实施生效。

设计意指组织所形成的一种设计思维，许多行业将设计思维作为一种风险缓解策略，包括橄榄球联盟、石油或者矿产公司、军队和医疗保健组织等。设计思维可以减少损失机会的可能性，同时扩大发现未来机会的潜力。在下一章，我们会对设计思维进行更为详细的讨论。同时，实施生效的方法可以通过利用意外事件将不确定性转化为资源，以采用灵活性、开放性、有机（相对于机械）的组织结构和变革型领导风格来做到这一点。一项针对 2 532 名项目经理的研究发现，那些在高创新环境中运作的人采用了效果方法（例如，使用启发式和思想实验）。相比之下，那些在低创新环境中运作的人使用的因果逻辑侧重于证据和控制。[36] 外展工具包括信息可视化和隐喻，当产生新的见解时，不仅可以通过文字来捕捉想法，还可以通过概念图、故事板和模型制作等图像和物理形式表示来捕捉想法。[37] 通过利用隐喻，将其与已知情况并列，也有助于使新颖和不确定的环境更容易被理解。[38] 总的来说，开发生成能力的重点是创建过程结构以推进非线性生成，通过开发多种途径以实现理想未来的能力。这种能力通过保持适应条件不断变化的灵活性来促进组织适应性。

我们可以体会到，在复杂系统中，想要获得组织发展的宏观理想结果，最有效的方法是激活微观层面的输入，扩大员工的信息获取和处理能力，并基于这种关系的联系促进自组织的形成，从而提高组织层面的能力。在微观和宏观层面上吸收、适应和生成能力的发展反映了复杂系统的一个重要特质，即自相似性（在多个维度上重复的模式）。我们在图 1-3 中描绘了这个模型。组织中个体与整体的共同领导以及关系的维持促成了这个相互影响的过程，进一步支持了知识创造，帮助组织在 VUCA 环境中成长与发展。

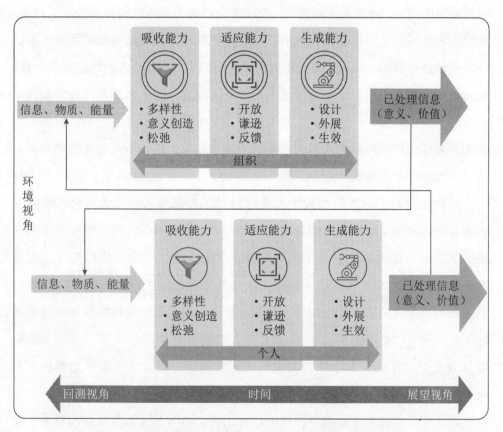

图 1-3　组织内吸收、适应与生成能力的影响与作用机制 [39]

1.4.3　引入多样性团队

我们也可以在管理中引入随机性，最有效的方法之一就是建立你的随机小组，利用多样性孕育成功。斯科特·佩奇（Scott E. Page）和陆鸿的研究表明，在解决商业、公共政策和教育等领域的复杂问题时，随机选择的专家小组甚至比精心挑选的专家小组更有效。佩奇指出，这是因为随机团队更有可能采用不同的解决方案，而专家们倾向采用相似的策略。由具有丰富知识和专长的个人组成的风险团队在识别和评估机会以及利用机会方面的表现要优于同质团队。这些机会包括获得财务和人力资源、获得利益相关者的支持、做出有效的战略决策以及解决新出现的问题。风险资本家通常更愿意投资于拥有不同背景和技能的成员的团队。拥有不同背景和视角的随机群体更有可能快速解决常见问题。佩奇进一步解释了随机团队的优势："我们在世界上面临的问题是如此复杂，任何人都有可能陷入局限，如果我们在一个组织中，而每个人的想法完全一样，那么每个人都会在同一个地方停滞不前。众所周知，团队内部缺乏冲突和辩论会导致'群体思维'，这对企业的增长潜力可能带来灾难性的影响。但如果组织拥有多样化团队，每个人都会在不同的地方结束。在一个人尽其所能之后，另一个人可以介入并继续进步。"

在企业招聘中，我们通常优先考虑新员工如何融入组织的文化，这就是许多公司提到的文化原则，例如谷歌的原则。这样能确保与组织文化冲突的人被排除在外，但同时这些原则也存在潜在风险。文化原则迫使组织寻找那些在思维方式、行为方式和隐含假设方面与我们相似的人，并拒绝那些与我们不同的人，而这非常有可能剥夺组织的多样性，削弱组织韧性的源泉。克里斯汀·贝克曼（Christine M. Beckman）等人的研究证据同样表明，只有当团队成员具有不同行业和创业经验带来的非冗余知识时，企业才能够生存和不断成长。[40]

因此，我们需要在组织中构建多样化团队，但同时又需要规避因背景的随机性所导致的冲突、分歧与时间浪费。更近一步，这涉及多样性的三个细分维度——意见多样性、专业多样性、权力多样性。意见多样性指团队成员之间对新企业的使命、目标和流程的态度、价值观或信念的差异。[41] 专业多样性则反映了团队成员在教育水平和专业化、职能背景和创业经验方面有所不同。当每个团队成员都有单一类别的知识和专业知识并因此为团队提供独特的知识时，专业知识的多样性就会最大。权力多样性反映了权力和资源（如薪酬、决策权、地位）在团队成员手中的集中或分布。在图 1-4 中，我们对多样性的三个细分维度进行了形象的可视化表达。

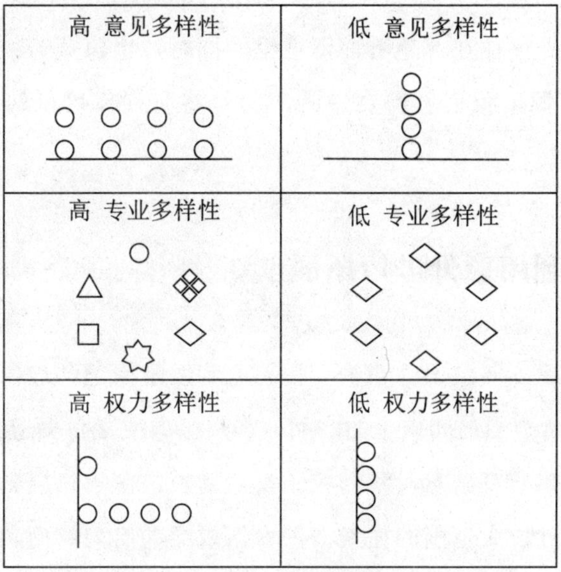

高 意见多样性	低 意见多样性
高 专业多样性	低 专业多样性
高 权力多样性	低 权力多样性

图 1-4　多样性团队细分维度示意 [43]

在实践过程中，三种类型的多样性可能会同时出现在组织的团队成员当中。玛利亚·卡卡里卡（Maria Kakarika）的研究表明，适中意见多样性、高专业多样性、低权力多样性有助于构建高效率的多样性团队。[42] 适中的意见多样性避免了意见太少使成员一体化或意见分歧过多从而阻碍一个群体的凝聚力和协调性，导致冲突扩大。高专业多样性带来了丰富的观点、非冗余的知识，发散的思维增强了创造力，拓宽了对机会和资源的探索，不同的背景带来了随机、非冗余的社会联系，使团队可以依靠更大的网络来获取资源。相比之下，低权力多样性使团队权力倾向平等分配，有利于团队良好氛围的形成，团队成员愿意为企业贡献他们的专业知识和他们的社会联系，从而更好地获得资源、建议和支持。

🏆 1.5 期待"意外"

意外是一些新事物，是一种以前不存在的情况，一种我们不知道其存在的因素。这些意外往往在伴随着惊奇感受的同时，也蕴藏着物质资源，意外是成功和灵感的来源，我们所需要做的，就是将它视作可以转化的机会，充分利用。

1.5.1 利用意外进行拓展创新

管理者总被建议要跳出"箱子"去思考和发现问题，这个"箱子"可能指企业的实践、定价、当前和未来的产品、客户服务或交付渠道，有时候"箱子"就是整个公司，想要突破它，我们应该将对创新的探索拓展到公司边界甚至行业边界之外，通过扩大范围的搜索去探索新机会的潜力，而利用意外是进行探索式创新的好方法。[44]

拉尔斯·巴克赛尔（Lars Backsell）是一名狂热的足球运动员。他也是一家制药公司的推销员。1984 年秋，猎头公司邀请他担任哥德堡一家小型制药公司的首席执行官，他为了这份工作放弃了足球。对许多人来说，去一个陌生的地方开始是一种孤独的挣扎，巴克赛尔也不例外。为了逃避寂寞，他开始尝试以慢跑代替足球作为日常的体育锻炼。

巴克赛尔的小公司专门为造瘘患者提供一种产品。这些病人在切除结肠后需要一个塑料袋来代替结肠的功能。接受结肠手术已经很痛苦了，所以塑料袋必须可靠，不能引起不适。有一个挑战是，如何把袋子固定在病人身上。当时常见的方法是用一种厚胶把袋子粘在病人身上，但是这种材料会引起皮疹和水泡。而巴克赛尔的公司发明了一种专利产品——能吸水的透气橡胶垫，可以减轻病人的痛苦。

在 20 世纪 80 年代，跑鞋远没有现在的好，巴克赛尔的脚开始在日常慢跑中起水泡。他不想因为这个原因而放弃慢跑，所以他开始寻找一种缓解他的脚部疼痛的方法。一天下午，他在家中一时兴起，拿出公司的产品，剪下一块跟他的鞋跟一样大的橡胶垫，塞进了运动鞋里。令他惊讶的是，那天的慢跑异常顺利，他的脚也不再疼了。巴克赛尔欣喜若狂，随即开始改进他的新发明。几周后，在开往斯德哥尔摩的火车上，他向坐在旁边的军医讲述了他的发明。他们决定几天后，在一次 10 英里的越野旅行中，让士兵们试用这个发明，看看它是否真的有效。士兵们沉重的军靴使得他们的脚在越野训练中备受折磨。几周后，测试结果出来了，那些使用过橡胶垫的士兵都一致认为这个发明好极了，他们从未发现越野训练竟然如此容易。

巴克赛尔意外地碰上了好运。这个小解决方案摆平了许多人日常生活中的一个困扰。从此，巴克赛尔的发家史开始了。1985 年，巴克赛尔的公司开始批量生产凯必得（Compeed）护垫，这种护垫可保护脚、肘、手。该产品很快出名了，凯必得成为迄今为止最成功的制药品牌之一。巴克赛尔曾经说："我最大的快乐是当我和我的孩子们去偏远的地方旅行时，我可以指着当地药店里的凯必得产品，骄傲地对他们说，这就是我在哥德堡的小公寓里想出的主意！"

为了确保在非连续变化的时代生存下来，公司需要引入外部的创新思想，但事实是，没有任何一家公司能够掌握如此广泛的创新能力。传统的行业边界会不必要地阻碍创新，相比之下，跨行业中非传统性的结合可以刺激创新，碰撞出意想不到的效果！我们会发现，这些跨行业的非传统性合作时常因为意外引发。因此，组织更应该鼓励成员形成丰富的跨知识网络以及与其他领域的公司形成联盟，为这些非传统性的意外合作创造条件。

这体现了一种开放的创意战略模式，战略性的创新是实施创意战略的核心原因。我们无法判断哪件新事物能成为一种战略性的创新。创意战略始于联想思维，把两个相对的观点结合在一起。这种战略强调：如果你不尝试，就学不到任何东西。触发创意战略的一种方式是：不管成败，鼓励你的员工尝试，然后从此次尝试中迅速学习，然后调整战略。此外，还可以开发行动框架，允许人们进行变通和更改，从而创造出新的想法或事物。灵活、变革、与众不同、模糊性会为组织带来生机与活力。

1.5.2　营造允许意外的组织文化

理查德·德鲁（Richard G. Drew）是明尼苏达州一家采矿和制造公司的砂纸推销员。在 20 世纪 20 年代，德鲁注意到汽车喷漆是一件麻烦事，比如会在不需要喷漆的地方喷漆。他想到纸也许会派上用场。他不再使用砂纸，而是使用未打磨的纸——后来变成了遮蔽胶带。然后，德鲁看到了杜邦公司生产的一种叫作玻璃纸的新型纸，他又一次想知道：为什么玻璃纸只用于包装东西？完全可以把它的一面粘在卷轴上——这就是透明胶带。今天，明尼苏达矿业和制造公司——更广为人知的名字是 3M——几乎是不断创新的代名词。对大多数公司来说，产品多样化意味着拿公司的钱冒险，但在 3M，这是一个有趣的游戏：累了就打个盹，如果你真的在巨大的森林里迷路了，停下来欣赏一下栖息在森林里的鹿。

由于新兴行业空间的机会位置是未知的，每一个企业都想要通过低成本的探索和学习策略有效、高效地覆盖有增长机会的空间。而不可否认的是，确定这个机会空间的界限是困难的。艾米·穆勒（Amy Muller）和丽莎·瓦利坎加斯（Liisa Välikangas）的研究指出，新兴领域的主要创新往往来自意想不到的地方，或者说与发明者最初的设想不同，有着完全不同的应用。[45]

1989 年，辉瑞公司（Pfizer）开发了一种治疗心绞痛的处方药，其基础是能够扩张血管、缓解心绞痛的枸橼酸西地那非。但在新药推出后，结果并没有预期得好，许多病人去找他们的医生抱怨，但也提到了一个有趣的副作用——

勃起。辉瑞公司决定放弃原有药物设计，将其设计成现在为人所熟知的"伟哥"，由此收获大量的利润。

因此，我们能做的，就是挖掘组织成员的兴趣来源，创造一个鼓励意外、鼓励尝试的组织氛围和文化，让意外带领组织去挖掘兴趣来源，探索知识景观的不同位置。我们应该记住，创新的最佳机会来自不同价值观、文化和知识之间的碰撞。

参考文献

[1] Cunha M P，Clegg S. Improvisation in the learning organization：A defense of the infra-ordinary[J]. The learning organization，2019.

[2] Cunha M P，Clegg S，Rego A，et al. Myopia during emergency improvisation：lessons from a catastrophic wildfire[J]. Management Decision，2022.

[3] Mintzberg H. The rise and fall of strategic planning[M]. Pearson Education，2000.

[4] 黄江. 创意战略：超越最佳实践 [J]. 清华管理评论，2017（03）：6-11.

[5] Bilton C，Cummings S. Creative strategy：reconnecting business and innovation[M]. John Wiley & Sons，2010.

[6] Clegg S R，Da Cunha J V，e Cunha M P. Management paradoxes：A relational view[J]. Human relations，2002，55（5）：483-503.

[7] Fisher C M，Demir-Caliskan O，Hua M Y，et al. Trying not to try：The paradox of intentionality in jazz improvisation and its implications for organizational scholarship[M]// Interdisciplinary Dialogues on Organizational Paradox：Investigating Social Structures and Human Expression，Part B. Emerald Publishing Limited，2021.

[8] Fisher C M，Amabile T. Creativity，improvisation and organizations[J]. The Routledge companion to creativity，2009：13-24.

[9] Mendenhall M E，Macomber J H，Cutright M. Mary Parker Follett：Prophet of chaos and complexity[J]. Journal of Management History，2000.

[10] Golden J，Milewicz J，Herbig P. Forecasting：Trials and tribulations[J]. Management Decision，1994.

[11] 秦铮，王钦. 企业组织惯性对组织变革的双重作用：一个分析框架 [J]. 创新科技，2021，21（7）：47-60.

[12] Yeo R，Dopson S. Getting lost to be found：the insider–outsider paradoxes in relational

ethnography[J]. Qualitative research in organizations and management: an international journal, 2018.

[13] Gioia D A, Price K N, Hamilton A L, et al. Forging an identity: An insider-outsider study of processes involved in the formation of organizational identity[J]. Administrative science quarterly, 2010, 55（1）: 1-46.

[14] Clegg S R, Kornberger M, Rhodes C. Learning/becoming/organizing[J]. Organization, 2005, 12（2）: 147-167.

[15] Starbuck W. Teaching Strategists to Take Advantage of What Happens[M]//Behavioral Strategy in Perspective. Emerald Publishing Limited, 2018.

[16] Wiltbank R, Dew N, Read S, et al. What to do next? The case for non‐predictive strategy[J]. Strategic management journal, 2006, 27（10）: 981-998.

[17] Greve, A., Hedberg, B. L. T., & Starbuck, W. H.. Responding to crises. Journal of Business Administration, 1978, 9（2）, 111 137.

[18] Meyer A D, Starbuck W H. Interactions between ideologies and politics in strategy formation[J]. New Challenges to Understanding Organizations（New York: Macmillan, 1993）, 1992: 99-116.

[19] Yeo R K. Change in（ter）ventions to organizational learning: bravo to leaders as unifying agents[J]. The Learning Organization, 2007.

[20] Schön D A. The reflective practitioner: How professionals think in action[M]. Routledge, 2017.

[21] Rickles D, Hawe P, Shiell A. A simple guide to chaos and complexity[J]. Journal of Epidemiology & Community Health, 2007, 61（11）: 933-937.

[22] Celati L. The dark side of risk management: How people frame decisions in financial markets[M]. Pearson Education, 2004.

[23] Burnes B. Complexity theories and organizational change[J]. International journal of management reviews, 2005, 7（2）: 73-90.

[24] 罗家德, 曾丰又. 基于复杂系统视角的组织研究 [J]. 外国经济与管理, 2019, 41（12）: 112-134.

[25] Castillo E A, Trinh M P. Catalyzing capacity: absorptive, adaptive, and generative leadership[J]. Journal of Organizational Change Management, 2018.

[26] Todorova G, Durisin B. Absorptive capacity: Valuing a reconceptualization[J]. Academy of management review, 2007, 32（3）: 774-786.

[27] Brown A D, Colville I, Pye A. Making sense of sensemaking in organization studies[J]. Organization studies, 2015, 36（2）: 265-277.

[28] Balogun J，Johnson G. Organizational restructuring and middle manager sensemaking[J]. Academy of management journal，2004，47（4）：523-549.

[29] Voss G B，Sirdeshmukh D，Voss Z G. The effects of slack resources and environmentalthreat on product exploration and exploitation[J]. Academy of Management journal，2008，51（1）：147-164.

[30] Tan J，Peng M W. Organizational slack and firm performance during economic transitions：Two studies from an emerging economy[J]. Strategic management journal，2003，24（13）：1249-1263.

[31] Bonner B L，Bolinger A R. Separating the confident from the correct：Leveraging member knowledge in groups to improve decision making and performance[J]. Organizational Behavior and Human Decision Processes，2013，122（2）：214-221.

[32] Ashford S J，Blatt R，VandeWalle D. Reflections on the looking glass：A review of research on feedback-seeking behavior in organizations[J]. Journal of management，2003，29（6）：773-799.

[33] See K E，Morrison E W，Rothman N B，et al. The detrimental effects of power on confidence，advice taking，and accuracy[J]. Organizational behavior and human decision processes，2011，116（2）：272-285.

[34] Dotlich D L，Cairo P C. Why CEOs fail：The 11 behaviors that can derail your climb to the top-and how to manage them[M]. John Wiley & Sons，2003.

[35] Sarasvathy S D. Causation and effectuation：Toward a theoretical shift from economic inevitability to entrepreneurial contingency[J]. Academy of management Review，2001，26（2）：243-263.

[36] Brettel M，Mauer R，Engelen A，et al. Corporate effectuation：Entrepreneurial action and its impact on R&D project performance[J]. Journal of business venturing，2012，27（2），167-184.

[37] Pacione C. Evolution of the mind：A case for design literacy[J]. Interactions，2010，17（2），6-11.

[38] Casakin H P. Factors of metaphors in design problem-solving：Implications for design creativity[J]. International journal of design，2007，1（2）：21-33.

[39] Castillo E A，Trinh M P. Catalyzing capacity：absorptive，adaptive，and generative leadership[J]. Journal of Organizational Change Management，2018.

[40] Beckman C M，Burton M D，O'Reilly C. Early teams：The impact of team demography on VC financing and going public[J]. Journal of business venturing，2007，22（2）：147-173.

[41] Kakarika M，Biniari M G. Unfolding the role of team diversity in the entrepreneurial

process[C]//4th Annual EuroMed Conference of the EuroMed Academy of Business. 2011.

[42] Kakarika M. Staffing an entrepreneurial team: diversity breeds success[J]. Journal of Business Strategy，2013.

[43] Nemeth C J. Differential contributions of majority and minority influence[J]. Psychological review，1986，93（1）：23.

[44] Powell W W，Koput K W，Smith-Doerr L. Interorganizational collaboration and the locus of innovation: Networks of learning in biotechnology[J]. Administrative science quarterly，1996：116-145.

[45] Muller A，VaÈlikangas L. Extending the boundary of corporate innovation[J]. Strategy & Leadership，2002.

第2章　走出固化的陷阱

要赢得持久，你就必须充满热情地去打破你所创立的一切。
问题是：你能在追求改善的同时热情洋溢地追求摧毁吗？

——汤姆·彼得斯

🏆 2.1　不要让过去限制了未来

　　一位圣人带领他的追随者在寺庙里冥想。当他们进入冥想状态时，神庙里的猫出现了，有时在追随者周围走动，有时"喵喵"叫，使得追随者无法集中注意力。于是圣人想出了一个简单的办法：在冥想之前，把猫绑在庙里的一根杆子上。很快，这个办法就变成了一种仪式，信徒们把猫绑在柱子上冥想。后来，这只猫死了，引发了一场严重的宗教危机。不把猫绑在柱子上，该怎么冥想呢？事实上，信徒完全有能力在没有猫的情况下冥想，只是他们没有意识到而已。"让我担心的是，过

29

去仍然在那里，它到处都是，阻止我们进入未来。"保罗·科德罗斯基（Paul Kedrosky）说。习惯是一件好事，因为它帮助我们更有效率，让我们不必再思考。当面对压力和挑战时，你不想质疑自己做出的正确决定。依靠过去的成功经验，遵循习惯，会让我们更快更省力。但习惯会产生必须付出巨大代价才能改变的桎梏。除了习惯，我们还被各种各样的想法"锁住"，包括显性的和隐性的。在内部，我们渴望不同的想法和方法，但我们拥有的资源、能力、过程、硬件、软件等都不允许我们这么做。在你的世界里，什么变成了寓言里的猫？

2.1.1　摆脱惯性思维

我们经常会发现，个人和组织的"过去"总是如影随形地影响着"现在"。一旦做出了决策，不管它是好或坏，我们都有可能对这种决策产生依赖，并且很难调整和改变，这种抵抗变革的力量或阻碍因素，又被称为惯性。[1]组织惯性的研究来源于迈克尔·汉纳（Michael Hannan）和约翰·弗里曼（John Freeman），强调组织结构和状态的难以改变性。[2]组织生态学派学者强调组织惯性是每一个经历过激烈竞争而存活下来的组织的必然产物与条件，它是组织变革的结果而非前因，并让组织具备可靠性和可解释性，帮助企业保证高效日常运转。[3]但是，由于组织中的成员是有限理性和自主适应的，在他们进行自行调整或改变经营战略及各项管理行为时会受到由组织惯性带来的根植于组织的固有认知和学习模式的影响，一旦形成，组织就可能因为过度依赖该模式而难以调整和改变，甚至在外部环境变化十分显著或业绩处于低谷时仍维持这种状态。这是理性适应学派的观点。[4]无可否认，惯性是一个矛盾体，它是组织在其产品、生产方法及政策上的一种稳定的体现，这种稳定带来了例行化，促进了组织成本的节约和效率的提升，但让人们免于思考，抱着一种照往常一样行动即可的态度。

时至今日，我们仍能在生活中看到惯性的痕迹。凯文·凯利（Kevin Kelly）在他的书《技术想要什么》（*What Technology Wants*）中描述的一个例子值得我们深思。今天美国用来发射航天飞机的两个固体燃料引擎的宽度不能超过 4 英尺 8.5 英寸，因为从犹他州到佛罗里达州的铁路宽度是 4 英尺 8.5 英寸。为什么把铁路的宽度设计成这样？这是因为建造它的人来自英国，他们的祖先在英国建造电车轨道时就把它设计得那么宽。为什么电车轨道的宽度要如此设计？这是因为电车轨道和马车道路的建造方式是一样的。为什么马车道路有 8.5 英寸宽？因为古罗马人的道路就是这么宽。当你考虑这一系列的现象时，你甚至会发现，今天最先进的技术设计规范是由一个古罗马工程师在 2 000 多年前决定的，这是多么讽刺！

但组织惯性也被认为是刚性函数，会限制组织对动态环境的适应，约束企业产生适应性和弹性，阻碍组织在变化环境下做出最优决策。[5] 我们应该意识到，惯性只会在连续、渐进的环境变化中发挥积极作用，当环境发生非线性和根本性变化时，它会成为一种惰性，将组织推向深渊。而如今的世界无时无刻不在面临着变化和不确定性。

2.1.2 挣脱路径依赖的泥潭

你会在企业发展道路上看到类似的锁定现象。因为被惯性思维禁锢，企业的决策被历史条件制约——过去的事情很少能真正过去 [6]，在组织经历一系列历史事件后，组织会逐渐形成路径依赖。在组织研究中，路径依赖经常被贴上一个宽泛的标签，表明过去对组织行为产生的印记效应。[7] 但路径依赖不仅仅意味着陈旧的常规、认知僵化或结构惯性的存在，它也是一个过程，并且强调过去的成功事件对于未来行动至关重要，更具体一些，组织的路径依赖除了强调过去还包含持续性和锁定性等特征。约格·赛多（Jörg Sydow）等学者的研究中深入描绘了这一模式形成的机制，他们将组织发展分为三个阶段。在第一个阶段，公司尝试各种各样的方法，因为管理者不确定什么会起作用，员工被给予相当人的自主权。如果某些东西在这　阶段起作用，它将影响组织在第二阶段的发展方式，因为人们认为发现了成功的方法。通过这种方式，阶段二中的组织实际上遵循并维护在阶段一中做出的选择。第三阶段是锁定阶段，组织进入一个自我强化的过程，更可怕的是，自我强化的不仅是方式或方法，还涉及隐性和顽固的信仰、框架、逻辑、流程和文化。在图2-1中，我们具体展示了组织路径依赖的形成过程。虽然环境已经改变，组织却很少质疑这些最初的思维模式。这就是克莱顿·克里斯坦森（Clayton M. Christensen）在《创新者的困境》（*The Innovator's Dilemma*）一书中所主张的，公司的失败不是因为管理不善，而是因为管理得太好。正如通用磨坊公司（General Mills）的总裁詹姆斯·贝尔（James Bell）所说："任何人或企业面临的最大危险之一，就是在经历一段幸福或成功后逐渐相信，把过去的方法应用到一个新的、不断变化的未来是绝对正确的。"

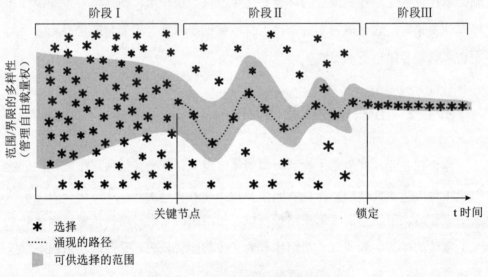

图2-1 组织路径依赖的形成过程 [8]

面对战略僵化，甚至是对组织生存的威胁，决策者肯定渴望了解更多关于可能的干预措施，这些干预措施旨在逃离或解锁组织的路径。但是组织真的能够挣脱路径依赖的泥潭吗？这是一个努力悖论，因为故意开辟一条道路的想法在某种程度上是自相矛盾的。如果我们将路径依赖定义为个体行为者或组织已经失去了在其他选择中进行选择的能力，那么认为同样的行为者可以开启新路径的假设显然是不一致的。但是，我们仍然能够通过有意识的努力进行解锁。路径依赖本质上是基于自我强化的动力学。也就是说，逃离或破坏路径依赖的可能性在很大程度上取决于是否中止了这个自我驱动过程的逻辑思路和能量支持。

这个时候，我们可以依赖外界力量的帮助，尝试引入外部代理人、管理者或者利用危机和意外事件去攻击这个自我强化系统，从而动摇组织，使其脱离固有道路，实现路径溶解。很好的实践方法是进行组织业务的剥离和替换高层管理人员。

对于一家公司来说，抛弃过去已取得的成绩并不容易。尽管这种方式代价高昂，但却可以让组织摆脱与核心业务相冲突和阻碍战略变革的惯性思维和固化知识。可能采用的方法是出售核心业务附属业务的形式，关闭一个部门或者团队，让员工去组织的其他部分，或者进行组织的重组，重新组合组织的各个部分，关键在于拆除组织路径依赖体系。品牌速度公司（Brand Velocity）的顾问杰克·伯格斯特兰（Jack Bergstrand）认为，公司应该定期提出的问题之一是"我们应该放弃什么业务？"。伯格斯特兰指出，如果不能回答上述问题，"你接下来想做的业务就会很难成功，因为你耗用了部分资源去做自己不必再做的业务"。另外，如果你想不出什么是应该终止的业务，意味着你并不清楚自己的战略是什么。优秀的公司擅长学习也擅长抛弃，网飞在 2011 年时就已经同时拥有两个业务，一个是如日中天、利润可观的 DVD 业务，一个是新兴却亏损的流媒体业务，在发现流媒体业务十倍速增长的趋势后，网飞选择进行分拆，将上市公司的名字和主体给了流媒体，DVD 业务则被拆出，通过识别和击穿破局点，网飞只用了一年半的时间就实现了成功转型。

伯格斯特兰解释说，对大多数公司来说，放弃一些业务是很困难的，尤其是终结曾经取得成功的程序或产品，因为"我们不喜欢亲手扼杀自己的孩子"。在《快公司》上发表的文章《核心竞争力走向死亡》（*Death to Core Competency*）建议，无论一家公司的特色产品或特色服务是什么，也无论曾经使这家公司走到今天的是什么产品或服务，它们都不能让其自动发展到下一阶段。即便是一些还很年轻的公司也必须做出某些重要转变。不妨从源头思考，我们想要的究竟是什么。要想确定组织真实的问题，只有以初心来审视企业的状况，抛开企业的历史，抛开在过去会奏效的观念，企业才能从一个全新的视角去发展。我们需要记住的是，只有保持批判性的思维去反思，创造性地自我破坏，才能成长为不死鸟。

2.2　在经验之外思考

2.2.1　拒绝最佳实践

相关研究表明，可能根本就没有所谓的最佳实践[9]，因为似乎缺乏任何形式的经验证据。[10]原因在于两点，一点是缺乏对最佳实践的统一定义，另一点是不同组织对实施变革的最佳方式缺乏共识。这两个原因意味着我们对组织如何成功利用其他组织的最佳实践完成自我变革缺乏意见一致性，同时很难评估哪些要素是实施变革的最佳做法。即使是那些组织内的成功故事，发起人也往往缺乏一个统一的标准来完整记录促成实践成功的所有变量，更糟糕的是他们甚至可能无法区分哪些是积极因素（导致成功并可以更广泛复制的因素）和消极因素（对组织有害但看起来与成功有关的因素），而这对组织来说无疑就是致命的打击。[11]

一个很典型的例子就是在 20 世纪 70 年代，古驰（Gucci）成功将品牌衍生到了时装业之外，这让公司错误地相信，他们可以销售与核心业务相去甚远的产品，在对早期成功的过度和错误学习之后，古驰开始在很多商品上打上品牌标志，包括钢笔、钥匙链和咖啡杯，结果导致了古驰的迅速衰落，几乎无法从危机中恢复过来。

当所有人都沉浸在上一次成功的"喜悦"当中时，学习曾经的成功经验是否有效？或许我们学习的只是误导性经验。误导性经验是导致错误决策的常见因素，当我们的记忆里包含与情境有一些相似之处但也有一些重要差异的经历时，我们就可能会被误导而形成对情境的错误看法或选择错误的行动方案，这个过程往往是无意识的。人的大脑的理性部分非常有创造力，如果受到挑战，它会对直觉做出的决定产生理性的解释。[12] 误导性经验让我们相信相同的行为会带来大致相似的效果，而我们没有发现的是，可能最初的基本假设就是错误的。

1983 年，桂格公司（Quaker）的首席执行官威廉·史密斯伯格（William Smithburg）做出了一个大胆的决定，以 2.2 亿美元收购了佳得乐（Gatorade）。当时媒体报道："史密斯伯格基于自己的味蕾做出了购买佳得乐的冲动决定。他尝试了佳得乐的产品，觉得很好。"事实证明，他的味蕾确有先见之明：桂格在市场上发展强劲，佳得乐的估值飙升。2.2 亿美元的收购价格增长到 30 亿美元的估值。大约十年后的 1994 年，史密斯伯格提出以惊人的 18 亿美元收购另一个软饮料品牌斯纳普（Snapple）。许多分析师抗议称，这个价格可能高出了 10 亿美元，但考虑到收购佳得乐的成功，桂格的董事会并没有反对。对史密斯伯格来说，收购斯纳普肯定很像收购佳得乐，他又有了一次赌博的机会。正如研究人员保罗·纳特（Paul Nutt）所写的那样，史密斯伯格把收购佳得乐的"功劳"揽在自己身上，"想再进行一次炫目的收购"。因此，在董事会的支持下，史密斯伯格迅速采取行动，并于 1994 年完成了交易。

结果是一场惨败。收购斯纳普是商业历史上最糟糕的决定之一。桂格很快发现斯纳普和佳得乐几乎完全不同，这次收购不仅把斯纳普的品牌形象搞得一团糟，而且忽视了那些帮助斯纳普取得成功的观点。斯纳普的销量不像佳得乐那样飙升，债务负担几乎拖垮了整个公司。三年后，斯纳普被匆忙以 3 亿美元（相当于收购价的 1/6）的价格卖给了翠亚克公司（Triarc）。史密斯伯格非常羞愧，辞去了首席执行官的职务。他后来回忆道："引进一个新品牌，一个著名品牌，这是非常令人兴奋的。事实上，有些人真的应该说不。"

这是一种令人吃惊的反思。在史密斯伯格的领导下，桂格正计划进行其历史上规模最大的收购，遭到了行业分析师的普遍嘲笑。但令人难以置信的是，桂格内部却没有人反对这次收购。桂格根本没有做出"是或否"的选择，而是做出了"是或是"的决定。

悉尼·芬克斯坦（Sydney Finkelstein）等人在《避开错误决策的4个陷阱》（*Think Again*：*Why Good Leaders Make Bad Decisions and How to Keep it From Happening to You*）这本书中提出了3种误导性经验的常见来源：组织或个人有持续多年的固定战略（该战略与本决策相关），组织或个人最近有特别成功或不成功的经历（该经历与本决策相关），有固定的行业战略、一些重要的公认智慧或最近发生的重要事件（它们与本决策相关）。

但是，误导性经验也并不总是会使决策者失去平衡。如果决策者有足够的相关经验，他将不需要借鉴误导性经验，或者能够纠正最初的错误。佳得乐和斯纳普可能看起来很相似，但曾在斯纳普公司创业型的独特环境中工作过的人会很快感觉到两家公司之间的差异。虽然桂格管理层的本能是"桂格化"斯纳普，但有更多相关经验的人会看到整合两家公司的困难。他们最初可能会将斯纳普分开，以便在更有选择性地整合业务之前解决运营问题。我们可以看到的是，过去的经验只会误导相关经验不足的决策者。因此，缺乏足够的相关经验也为误导性经验创造了先决条件。

眼见为实的感性思维，把我们禁锢在有限的经验边界里，使得我们无法准确地洞察环境。我们的经验不但影响我们思考的可能性，还会影响我们的预期。但是，否定个人或组织经验十分困难，因为经验往往是生动而令人印象深刻的，因此，超越经验进行思考是管理者一项至关重要的技能。

在这里我们提供了一个可以帮助管理者在进行重大决策和变革时减少错误的筛选程序：第一，首先假设所有的异议或建议至少部分是有效的；第二，如果异议或建议被证明是正确的，那么评估其将会产生的收益和成本，独出心裁或者奇怪的想法通常会带来高成本或者高收益；第三，找到一些证据（而不是信息），证明异议和建议可能是正确的。例如，消息是否真的如提出者所说？消息来源是否涉及提出者的专业领域？第四，设法在实践中检验那些可能产生重大成本或收益的不同意见和警告，并在组织内构建想法落地的实验设计器，以证实、否定或修改组织中的决策和观点。[13] 作家大卫·艾普斯坦（David Epstein）在《范围》（*Range*）一书中阐述了"在经验之外思考"的好处。批判性地审视经验，适当地从经验中吸取教训、抛弃既得的想法、重新学习、改进经验，甚至忽视经验的影响，才能帮助我们在恶劣的环境下生存。小说家威廉·萨默塞特·毛姆（William Somerset Maugham）说过："传统是用来参考的，不是遵守的。"历史可以被崇敬，但绝不是不能触碰的。

2.2.2 调动设计思维

一种能够帮助我们摆脱固有僵化观念、隐含假设等能力陷阱的有效方法是调动设计思维。这种设计思维过程有很多种表现形式，这里我们参考了斯坦福大学哈索·普拉特纳（Hasso Plattner）设计学院所展现的设计思维的一种呈现方式。这种设计过程一共包含五个阶段，分别是同理心、定义、构思、构建原型和测试。在图 2-2 中，我们形象地展示了设计思维打破固定的过程。

设计过程中的同理心阶段意指在最初尝试对组织中固有思想、方法或流程进行改变时，努力去充分了解对方（客户与供应商）的需求，并尝试解释彼此的心智模型。需要从需求方和供应方的双向角度去理解某种特定的思维或方法是如何运作的，以及它的不足本质在哪里。这种洞察力的培养是组织成功实施设计思维以及塑造未来创新和治理的前提，因为客户的最终意图和目标可能就是由供应商的业务战略所驱动的，当双方重新对这种目标和意图进行明确，组织就能够针对细微的变化进行调整，对核心目标进行明确，同时客户也能了解组织以经营策略驱动的意向，例如组织作为供应商可能希望提供定制的解决方案，实现差异化并在质量上进行竞争，客户同样需要了解供应商的意图以实现更好地合作。这种意图的双向了解决定了组织实施设计的目标，所以这对于设计过程至关重要。但我们需要注意的是，组织与客户双方的意图并不容易识别，并且他们的意图并不是固定的，而会随着时间改变，因此以同理心或者根深蒂固的承诺来指导设计过程是必要的。访谈、观察以及参与式观察都是在此过程中进行调查的有效方法。访谈有助于探索不确定的领域并更深入地了解意图。同时，与其仅仅依靠客户所说的话，不如使用观察技术来探索他们在实践中实际做了什么。更重要的是，利用参与式观察的方法可以使设计师能够在融入活动的同时体验客户正在做的事情，这种方式通常会提供全新的视角。

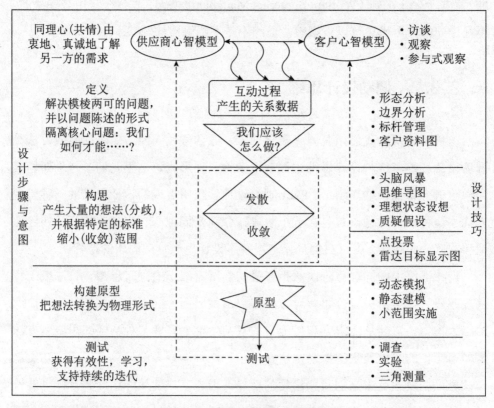

图2-2 通过设计思维打破固定 [14]

在定义阶段，我们将对同理心阶段获得的理解以问题陈述的形式进行具体化和完善。该阶段的关键在于，从供需双方的角度去发现需求和见解，不断反问："既然事情从一开始就发生了变化，我们是否解决了正确的问题？"以问题陈述的形式来解决模棱两可的问题和孤立核心问题，将问题分解为片段、部分，以此来了解它们的相互依赖关系。这些分析意味着去判断：我们真的可以这样做吗？我们应该这样做吗？ [15]

一旦团队确定了问题，我们就可以进入到设计过程的构思阶段了，这是提出解决当前问题的新想法的过程。构思包含两个完全不同的阶段，分别是发散和收敛。在发散阶段，我们可以提出大量的新想法，采用头脑风暴、思维导图、质疑假设等种种手段，在这个阶段，可以鼓励大家提出各种疯狂的想法，推迟关于这些想法实际可行性的判断，并允许想法建立在他人的想法之上，这个过程为新想法保证了量的充分积累。同时，团队不能仅停留在大量的想法上，必须对这些想法做些什么，这就是收敛阶段。我们通过确定最佳想法来进行众多想法的缩小和收敛。最佳想法可能是主观的，但可以调用特定的工具和技术来促进该过程。例如采取点投票的方式（这种方式允许所有成员投票支持他们的偏好，以此来选择最佳想法）、雷达图（这种方式可以使团队确定想法的关键维度，然后根据集体标准来评估最佳想法）。构思阶段尤其关键，且具有挑战性，因为它真正发挥了团队多样化的能力。

在构思完成之后，就可以切换到原型设计阶段，尝试将我们的想法真正付诸实践。原型设计的具体含义是将想法从纸或白板上转化为物理形式。这是从构思到真正落地的中间过程，如果直接生产，我们很有可能会在这个过程中浪费大量的资源，因此，通过模拟、小规模实施等方式，可以帮助我们对想法的可行性进行确认。

在设计过程的最终阶段，我们可以与将要实施的成员一起进行想法的测试，以获得关于这些想法有效性的重要反馈。此类测试应该易于执行且成本低廉，但会产生有助于改进想法的有价值的见解。调查、实验和三角测量都是测试阶段的有效手段，在这个阶段，我们需要对想法的预期和意外影响进行严格评估。

另外，设计思维最重要的原则在于它永远不会真正结束，测试的最后只会带来更多的学习，当新知识被输入到组织的心智模型中，它会重新塑造组织新的思维与行动。从这个角度来看，设计思维对组织来说无疑是意义重大且影响深远的。在组织的成长过程中，一定会随着知识和业务模式的积累带来问题搜索成本的降低和知识的长期保留，这通常会带来效率的提高，然而，它也为组织筑起了不可避免的、隐性的砖墙，当组织到达发展的瓶颈，这些砖墙无法继续支持组织的成长时，调用设计思维，或许就是组织摆脱困局的重要手段。

🏆 2.3 越是习以为常，越是值得推翻

在日常生活中，我们总不自觉地逐渐形成思维定式。思维定式被定义为一种阻碍各种类型认知操作的固化思维，认知操作包含回忆、解决问题、产生全新的创意等。思维定式是一把双刃剑，一方面有利于在类似的情景下，迅速理解和成功解决问题，另一方面，它又让人难以学习、利用不同领域的相关知识，难以产生创造力，形成了一个坚实的障碍。保罗·保卢斯（Paul B. Paulus）和伯纳德·奈斯塔德（Bernard A. Nijstad）将思维定式分成了三种类型，分别是隐含假设、典型思维和近期经验。[16]

2.3.1 隐含假设如影随形

"隐含假设"是指在一个论证或行为中被认作理所当然却未得到明确表述的命题，它是一个论证的必要组成部分。隐含假设使行动成为可能，但这些假设很少受到质疑。迈克尔·舍默（Michael Shermer）认为，人们在由家庭、朋友、同事、文化和社会创造的环境中，因为各种主观、个人、情感和心理原因形成了特定的信念。在形成自己的信念后，他们会无意识地用大量理智的理由、有力的论据和理性的解释来捍卫、证明和合理化这些信念。因为信念是第一位的，然后才是对这些信念的解释。[17]

你同意"授人以鱼"还是"授人以渔"？无论是捐出几美元帮助饥饿儿童的普通人，还是在国际慈善事业上花费数十亿美元并对慈善捐赠进行大量分析的人，基本上都选择了第二个。穷人不仅缺钱，而且缺乏明智地花钱的知识，

这已经成了一个不言而喻的事实。这就是为什么大多数慈善机构会花钱开设课程教人们如何更好地生活。

迈克尔·费伊（Michael Faye）、保罗·尼豪斯（Paul Niehaus）和他们的慈善机构"直接给钱"（give directly），他们认为，国际援助的主流观点可能是一个错误。费伊毕业于哈佛大学经济学专业，他和几个朋友想知道，穷人是否比其他人更了解自己的需求。他们发现，巴西和墨西哥等国家将直接进行现金支付作为公共援助的一种形式，取得了令人惊讶的良好效果。所以他们决定创建一个小的捐赠圈，把钱给肯尼亚最贫穷的人。每个穷人将得到 1 000 美元。随着手机在肯尼亚的普及，费伊和他的朋友们发现他们可以直接把钱转到接收者的手机上，而不需要传统的中介渠道。他们审查捐赠资金是如何使用的，除此之外他们不会问其他问题。他们不向受助人提出任何建议，也不限制资金的用途。他们不教人们怎么"钓鱼"。

实验的初步结果是令人鼓舞的。受助者在如何花钱方面做出了明智的选择。有的得到了长期的医疗援助，有的开办了小型企业，有的搭建了更坚固的屋顶，这是一种长期的投资，且回报很高。与传统观点相反，没有人用这些钱去买酒或赌博。在费伊和其他人的案例中，超过 90% 的资金直接流向了受援者。

费伊说，他觉得这种模式已成熟到可以被大众采用。"我们分享了这个想法，很多人都认为我们疯了。""你疯了吗？把证据给我们看看。"费伊和他的团队提供了证据，谷歌很快就给了他们 200 万美元。几年后，"直接给钱"收到了来自一家互联网公司联合创始人达斯汀·莫斯科维茨（Dustin Moskovitz）和他的妻子卡里·图纳（Cari Tuna）成立的一个基金会的 2 500 万美元捐款。在接下来的几年里，费伊的组织筹集了超过 1.3 亿美元，并将其无条件地捐赠给穷人。"直接给钱"现在是世界上最有效的慈善机构之一。

为什么古老的"授人以渔"会有如此大的影响力？不是因为有很多证据支持它，而是因为它看起来更像正确的观点。我敢打赌，即使在阅读了"直接给钱"的故事后，你仍然相信"授人以鱼不如授人以渔"这句话。这是因为我们已经听过很多版本的"授人以渔"，这个想法已经渗透到我们的直觉中。我们不需要思考这是对还是错，就可以本能地假设它是对的。但是众多研究表明，直觉往往是不完善的，通过直觉进行的判断和选择往往与通过理性统计的结果有很大偏差。[18] 直觉与启发式角色相关，可以概念化为一种容易出错甚至不合理的机制。[19]

2.3.2 质疑理所当然，但不质疑一切

直觉带来的错误偏差告诫我们需要质疑理所当然。我们可以看到质疑理所当然的过程非常困难，对于一个组织来说，它强调管理者要对环境和自我有强大的自我批判能力，这不仅要求管理者自身具备强大的知识水平，还要求他充满抱负和雄心，能够有信心对普遍认可的做法提出挑战。这是一项非常艰苦的练习，其中涉及两个关键活动：持续反思和战略沟通。[20] 持续反思涉及管理者利用自身的认知能力对组织管理、战略制定进行持续创新和反思，能够通过不同现象产生不同的视角并提出挑战。如果领导者或管理者没有改变现有认知的强烈雄心，他们就只会对现状和现有举措感到满意，规避改变。即使个人有改变的想法，要想突破其他人的潜在认知局限并说服他们，没有良好的沟通能力也绝不可能实现。在实践过程中，一个有效的方法就是像费伊那样，通过实验的方式，提供理性客观的统计结果和证据来直接攻击人们的隐含假设。

但是，我们仍需注意，质疑理所当然的事情并不意味着质疑一切。如果没有隐含假设，我们可能无法在这个充满不确定性的复杂世界里生存下来，因为它消除了模糊性，帮助人们建构了意义。如果让一群人随便画一个房子，大多数人会画一些非常相似的东西。因为我们脑子里已经有了这些想法，关于房子应该是什么样子，它应该怎么画，应该在纸上有多大，应该从什么角度看它都是固定的。这种对房子先入为主的观念的出现基于我们认为事情应该怎么做以及它们以前是怎么做的。我们的假设比我们意识到的要多。它可能是我们的发明，对过去的记忆，群体思维，或者其他一些不必要的固定标准。这并不是没有好处：因为在一个我们必须努力去理解的复杂世界里，我们无法不断地挑战

一切。如果我们早上醒来就开始怀疑是否会受到重力的影响，那就会让我们过于疲惫了。

2.3.3　一切照旧不再有效

当你发现，你已经长期使用同样的方法解决问题的时候，你就陷入了一种名叫典型思维的思维定式。典型思维通常基于个人长期经验的思维方式产生，对于解决某一类问题非常有效。[21]创意专家爱德华·德·波诺（Edward de Bono）在他的《思考的机制》（*The Mechanism of Mind*）一书中，用一个比喻来描述人们的思维方式：将大脑比作一碗果冻。起初，果冻在这里，表面很光滑。但当信息进来时，就像温水浇在果冻上。水在果冻中形成细小的凹槽，然后流出。当类似的信息传入时，它会遵循前一个凹槽的路径。过了一段时间，凹槽变得很明显，使得水几乎不可能从中逃脱。这些凹槽是突触连接，它们倾向于产生重复的想法，因为它们反复使用相同的路径。你重复一个想法的次数越多，凹槽就会越深，最终形成一个你无法摆脱的想法峡谷。

因此，思想通过重复联系在一起。你每天有一万多个想法，一万倍的电子化学能流入你头脑的各种网络。有多少是唯一的？肯定不是一万。如果停下来记录一下日常想法，你会意识到有几十个相同的想法不断地出现。一旦你以某种方式思考，你就会一直这样想，即使你知道那是错的。

换句话说："你的思想被锁在某件事上，很难脱颖而出，获得新想法或新视角。"即使你知道这不是你想要的，你还是会一直陷在其中。这是每个思想家、每个决策者最终都会落入的陷阱。所以，过多地思考一个问题不会帮助你，只会伤害你。你只是在加深你的思维模式。对于一个决策者来说，走出黑洞，让大脑有一个平滑的表面，可以打开新的思维，避免被不明智的想法困住。

在企业中，通常我们从一个目标或问题开始，然后根据标准探索各种选择，然后，随着时间的推移，我们逐渐完善和提高。这个过程通常并不顺利，经常会停滞不前或进入死胡同。总的来说，一开始朝着更好的解决办法进行实践，取得的进展很快、幅度很大，但慢慢地，收益逐渐减少，产出的增加也变得较小。这就是所谓的最佳实践给我们带来的局限。

　　这个过程的一个关键部分是，随着技术的成熟，它趋向于聚集所有相对相似的最佳解决方案。如今，所有的网站看起来都比先前的设计相似得多。由于信息共享，今天所有的酒店房间看起来都很相似。手机过去看起来完全不同，但现在看起来都一样。我们以不同的方式变革和调整，但最终的结果是它们变得更相似。最后，当一切都转向一个可接受的最优解决方案时，就会出现范式转换。托马斯·库恩（Thomas S. Kuhn）是美国物理学家、历史学家和科学哲学家。他在 1962 年写出《科学革命的结构》（*Structure of Scientific Revolutions*），创造了"范式转换"（paradigm shifts）这个术语，并在书中提出知识渊博的人可能不够灵活的观点："几乎所有那些在不同领域实现奠基性创造的人，他们或非常年轻，或对这个范式正在改变的特定领域非常陌生……他们有富有创造力的思维，对新的想法非常开放，能够与之前领域内的理论决裂，因此他们没有沉浸在比他们更有经验的同事的既定思维模式当中。"在这本书中，库恩专注于科学知识的发展方式。通常，有一种信念、一种想法或普遍真理，可以帮助人们了解世界。在任何给定的时间，这些信念都基于一个前提，即大多数人都认为世界是固定的。然而，有时候，一个突破会挑战我们自以为知道的一切。我们已经确定的每一个特征和变量都不再正确。这种看待事物的方式——从一种方式到另一种方式——被称为范式转换。

　　在范式转换发生时，我们会发现一些显性曲线中的核心要素，例如企业的市场占有率、收入、利润等正在十倍速变少，这时候企业已经到了极限点或者失速点，原有的解决方案和模式已经不能给企业带来持续的竞争优势了，在原有范式下领先的企业已经错失改变的时机，失去生存的机会。而范式转换并非不能提前预知，留心观察，我们会听到环境的召唤（calling）。在极限点来临之前，隐性曲线中的要素，例如技术、供应商或用户，已经在一个行业中发生 5～10 倍的变化，因为隐性曲线会先于显性曲线到达极限点，那么我们应该意识到，这些行业就有可能发生百倍的爆发，范式转换不久要到来。在这个时候，如果我们能够进行创造性地自我破坏，以完全不一样的视角去看待问题，用新思维破坏旧思维，用新模式替换旧模式，我们就有机会跨越极限点，继续生存下来。

记住，沉浸于范式转换会带来巨大的危险。例如，在宇宙领域，我们过去认为地球是宇宙的中心，托勒密的地球中心观点被普遍接受，直到哥白尼提出太阳是太阳系的中心。今天，可怜的托勒密经常被当作伪科学的典范和非理性思维的危险倡导者。这真的不公平，因为在托勒密的年代，没有望远镜，也没有基本的数学定律，很少有人能达到他的知识水平。托勒密用他所能得到的设备和信息做出了合理的假设。他的理论和方法在当时没有任何问题。这就是范式转换带给我们的危险：我们总是试图理解它们，而不是破坏它们。只有进行范式转换，我们才能跨越极限点。

2.3.4　跨越边界

当考虑是什么阻碍了不同领域和专业参与者之间的有效知识转移时，研究人员强调了组织边界的作用。[22] 组织边界可能以有形的方式出现，这反映在组织的结构当中，也可能以无形的方式出现，这是比有形更深层次的边界，我们可以大致将组织边界分为结构边界和认知边界。

结构边界代表诸如组织的基础设施建设和组织结构之类的物质划分，可能还代表正式和非正式的规则，从而影响组织成员的相互作用及自由裁量权。[23] 结构性边界的存在，一方面确保了组织绩效的稳定性和可预测性，另一方面，它在组织单位之间和内部造成了地理、功能和责任的差异，阻碍了知识的流动。[24]

认知边界是指导组织行动的想法、理解和信念的差异。这些差异可以使对一个组织或业务单位中的现象有意义的解释在另一个组织或业务单位中完全没有意义。[25] 认知边界的概念类似于认知距离和语义边界等术语 [26-27]，两方之间较大的认知距离可能会导致沟通和共同理解的障碍，并可能阻碍不同群体相互传递知识。[28]

　　许多管理者都已经认识到，想要在如今的全球竞争的格局中保持领先，内部资源已经远远不够了，这促使他们在组织边界之外去寻找互补的知识。[29]帮助组织突破边界的其中一种方法是进行跨界搜索，波士顿咨询集团（Boston Consulting Group）是世界上最成功的咨询公司之一。2001 年，波士顿咨询集团建立了一个内部网站，为咨询人员提供大量资料，帮助他们通过类比进行关联性思考。这些资料是按学科（人类学、心理学、历史学等）、概念（变化、物流、生产力等）和战略主题（竞争、合作、联盟等）进行分组的。对新合并公司进行整合的顾问可以仔细研究征服者威廉在 11 世纪是如何"整合"英国和诺曼底公国的。而福尔摩斯的观察策略可以帮助他们学习经验丰富的专家的细致观察技巧。所有这些听起来与商业问题好像相去甚远，但它们确实很重要。通过差异化知识的有效利用，组织能够通过知识重组和交互创造出新的知识，提高企业的绩效并促进创新。[30]

　　另一种突破边界的方法是从源头思考，重新定义问题。进步意味着从一个充满可能性的世界跳到另一个世界，从一个范式跳到另一个范式，随之得到基于全新思想世界的最佳解决方案，但事实上，这并不容易。斯坦福大学的蒂娜·齐莉格（Tina Seelig）教授给创新与创业课程的学生上了生动而难忘的一课。学生被分成两组，大家需要在两小时内挣尽可能多的钱。教授给每个小组拨了 5 美元。两个小时后，每个小组要向全班做一个 3 分钟的报告，并与大家分享小组是如何赚钱的。想想看，如果你必须这么做，两个小时能赚多少钱。一般来说，人们可能会回答说，5 美元可以买一块海绵和一个水桶，花两个小时为人洗车来换取收入，或者可以用来买彩票。这些方法都不能帮你赚很多钱。课堂上赚钱多的小组都有一个共同点：他们都忽略了那 5 美元。他们认为 5 美元毫无价值，甚至会分散团队的注意力。这些团队在不受 5 美元限制的情况下打破了问题的边界。他们试图回答另一个问题："如果我们一无所有，我们怎么赚钱？"其中一组在当地一家很受欢迎的餐馆预订了位子，然后把它卖给不愿意排队的人，在不到两个小时的时间里赚了几百美元。

　　但赚钱最多的小组采用了一种完全不同的方式。学生们明白，5 美元的启动资金和两个小时的时间并不是他们所能支配的最有价值的资源。相反，最有价值的资源是他们在斯坦福课堂上的三分钟演讲机会。他们把"三分钟"卖给了一家想要雇用斯坦福学生的公司做宣讲，净赚 650 美元。你看，重要的不是选择，而是确定问题。将问题定义为利用 5 美元怎么赚钱和利用斯坦福课堂上三分钟的演讲机会怎么赚钱，会带来截然不同的结果。如何定义问题，决定了我们如何解决问题。

你在自己的生活中使用过什么"5 美元策略"？你如何无视这 5 美元和两个小时去赚钱？更进一步说，你如何找到你最宝贵的三分钟时间？与其思考"是什么"，不如思考"为什么"，这意味着从更广阔的角度来看待问题，并且问题并不是孤立存在的，它们以问题矩阵的形式，使每一个问题都是众多相关问题的一部分，每一个问题都是一个解决方案衍生出来的结果，所以不要纠结于你最喜欢的解决方案，而是尝试其他的方法，针对特定问题上面的问题向上查找，确定特定问题会制造出的问题向下查找。一旦你这样做了，你就会发现周围还有其他的可能性。你不仅可以通过打破边界产生更好的答案，而且还可以重构产品、技能和其他资源，以获得更有创造性的运用。

🏆 2.4 最省力法则

2.4.1 承认人的本质是懒惰

人类学家和生物学家贾里德·戴蒙德（Jared Diamond）在他的《枪炮、病菌与钢铁》（*Guns，Germs，and Steel：The Fates of Human Societies*）一书中指出了一个简单的事实：不同的大陆有不同的形状。乍一看，这似乎是一个简单而毫无价值的事实陈述，但它实际上对人类行为有着深远的影响。

美洲的主轴是从北到南的。换句话说，北美洲和南美洲大陆看起来又长又窄，而不是很宽，非洲也是如此。但包含亚洲、欧洲的亚欧板块则相反。这片辽阔的大陆呈现出东西走向的形状。据戴蒙德说，这种形状的差异在数百年的农业传播中发挥了重要作用。当农业开始在全球范围内传播时，对农民来说，沿着东西方向扩张土地比南北方向更容易。这是因为同一纬度的地区通常有相似的气候、日照时间、降雨和季节变化。这些因素使得欧洲和亚洲的农民能够"驯化"几种作物，并在从法国到中国的陆地上种植它们。相反，从南北方向上看，气候变化非常大，即使是世界上最有创造力的农民也很难在不同纬度种植同一种庄稼。农民只能在每个气候带找到并"驯化"新的农作物。

正因如此，农业在亚洲和欧洲的传播速度是北美洲和南美洲的两到三倍。从几百年的时间跨度来看，这个微小的差异会产生巨大的不同。食品的增加使人口迅速增长成为可能。随着人口的增长，这些文化群体能够建立更强大的军队和开发新技术。这些变化，如略微扩大范围的农作物或略微加快的人口增长，起初可能看起来微不足道，但随着时间的推移，它们可以产生巨大的影响。

最省力法则是人类的天性，因为能量是宝贵的：当人们在两个相似的选择之间做决定时，他们自然会选择需要最少努力的那一个。这是物理学的一个基本原理，被称为"最小作用量原理"（least action principle），这是指物体在任意两点之间的运动总是遵循最小作用路径。例如，将你的农场向东向西扩展，你可以比较容易地种植相同的作物，而从南向北则迫使你面对不同气候的挑战。在采取的所有可能的行动中，我们最终选择的行动总是用最少的努力获得最大价值的那一个。我们总是被激励去做容易的事。

2.4.2　我们都是认知吝啬者

认知吝啬是一种行为人在决策时不愿花费时间和努力仔细考虑问题的现象。[31] 它反映了人在做决策时大脑本能限制认知资源的特点。这解释了为什么许多人倾向于不加思考，凭直觉快速做出决策或是做出偏误的决策。[32] 苏珊·菲斯克（Susan T. Fiske）和谢莉·泰勒（Shelley E. Taylor）最早提出了认知吝啬现象，他们研究发现，由于人们拥有的时间、知识和注意力等认知资源是非常有限的，所以快速、不需要耗费大量认知资源的认知过程就成了首选，这形成了认知吝啬的概念。[33]

看看任何占据你生活大部分时间的活动，你会发现它很容易做，不需要太多的努力。像玩手机、查收邮件和看电视这样的习惯占据了我们大量的时间，因为它们是如此的不费力和容易做到。当然，你有能力克服一切困难去做事情。问题是，有些日子你逆流而上，有些日子你只想顺流而下。认知吝啬研究的双加工理论可以解释出现这种现象的原因。双加工理论从大脑信息加工的角度，指出人的大脑中存在"快加工"和"慢加工"两种加工模式。快加工的过程迅速、自动且无意识，通常与感知及直觉启发式有关，而慢加工的过程缓慢、有意识且慎重，通常与理性分析有关。[34] 在大多数决策情境下，快加工是人类大脑默认的加工方式，其对所呈现的易得、熟悉、显著、强烈的信息十分敏感，但是慢加工则呈现出完全相反的"怠工"的状态，不接受快加工的信息加工结果。[35] 人们的日常生活习惯反映了人类大脑高度依赖快加工，不愿意投入太多时间和努力去处理信息的特点。

我们大脑只占身体重量的 2% ~ 3%，但即使我们什么都不做，大脑也会消耗身体 20% ~ 30% 的能源，因此，认知科学家和心理学家基思·斯坦诺维奇（Keith E. Stanovich）提出，人人都是"认知吝啬鬼"（cognitive miser），并借此阐述大脑所遵循的"最省力原则"，以下这道题巧妙地进行了展示。

杰克看着安妮，但安妮看着乔治；

杰克结婚了，但乔治并没有；

请问是一个已婚的人在看着一个未婚的人吗？

A. 是

B. 不是

C. 不确定

在试验中，不少于 80% 的人会直接坚定而自信地选择答案 C，即不确定，因为题目中并没有给出足够的信息。但是让我们关掉头脑中的自动驾驶系统，再想一想。确实，我们并没有从题目中了解到安妮的婚姻状态，但安妮不外乎是已婚或未婚两者情况之一。我们可以分别考虑这两种可能：假设安妮已经结婚了，那么因为乔治没有结婚，则有一个已婚的人（安妮）在看着一个未婚的人（乔治）。假设安妮并没有结婚，因为杰克已婚，所以依旧有一个已婚的人（杰克）在看着一个未婚的人（安妮）。所以无论安妮是哪种状态，都有一个已婚的人在看着一个未婚的人，正确答案是 A。我们可以看到人们总是试图把信息搜寻工作最小化，所以他们通常只搜集那些容易得到的，或是能够帮助他们减轻认知上的负担的信息，这样就可以尽可能地少做一些与信息处理有关的事情了。[36] 通过这道题的结果，我们同样会发现，这种认知方式在很大程度上会忽略决策所需的支撑信息，因此也必然导致人们在决策时忽视结果的正确性，并由此产生各种认知偏误。

当然你可能会觉得这道题对于科学家、医生、律师等聪明人来说会很简单。斯坦诺维奇在试验中设计了一个环节，即在回答问题之前给每位参与者做了智商测试。是不是智商越高的人越有可能答对这道题？事实并非如此。结果显示，能否答对这道题与是否聪明毫无联系。

2.5 放下熟悉的工具

2.5.1 别让惰性困住你的手脚

学者们普遍认为组织惰性的出现源于组织成功的经验，是成功经验带来的副产品，这种惰性在短时间内可以节约组织运营的成本，增加可控时间，提高组织的短期竞争优势。[37] 但是，从长远角度来看，惰性会使个人和组织进取心下降，厌恶变革，这种"成功的副产品"终将演化为"组织的病症"。[38]

在面临巨大的外部环境变化时，人们会更加重视方法的可靠性而不是效率。组织决策遵循固定的规则，并基于这些规则将决策过程中的信息和程序进行重现，形成组织惯例，在组织惯例的重复下，组织惰性就形成了，使组织即使在遇到新问题后仍然选择已有的规范化的、固定不变的行为模式去应对。组织刚性也来源于固有的范式与观念，致使学习过程中形成路径依赖。当企业得到积极反馈时，最初的范式与观念往往会被复制和重复，感知刚性限制其寻找新知识的学习机会，从而导致企业无法抓住潜在机会，进而也无法应对环境中的变化与威胁。[39]

管理大师卡尔·维克（Karl Weick）在研究消防员在压力下的决策时，注意到一些不寻常的事情：消防员牺牲时仍紧握着他们的工具，尽管扔下工具会让他们更有可能活下来。在《年轻人和大火》（*Young Men And Fire*）这本书中，作者描述了 1949 年蒙大拿曼恩峡谷火灾事件，13 名消防员失去了生命。当队长道奇大喊，让他们放下工具和设备时，只有 2 名消防员卸掉装备快速冲上对面的山脊，躲在岩石边坡下得以逃脱，而其他消防员仍携带着工具奔跑，最终被大火吞噬。请你试想一下这个情境：1 名消防员，即使在极度虚弱时，也没有卸下沉重的背包。在 20 世纪 90 年代的四场火灾中，23 名消防员拒绝放下他们的工具，并与工具一起被大火吞没。根据尸检报告，在 1994 年科罗拉多大火中遇难的 14 名消防员 "是背着背包、抓着链锯死去的"，而他们距离安全地点仅 250 英尺。美国林务局和国土管理部分别进行了两项研究，得出了类似的结论：如果消防员一开始就放下工具，他们就能活下来。

在其他领域也可以观察到类似的现象：海军水手在弃船时没有丢弃钢头鞋，钢头鞋刺穿了救生筏，让他们惨遭溺亡。飞行员拒绝从损坏的战斗机中跳伞。尼克·瓦伦达（Nik Wallenda）是一名著名的走钢丝者，当他从 120 英尺高处坠落时，他的本能不是去抓钢索，而是去抓他的平衡杆。即使在下降的过程中，当他的平衡杆再次脱落时，他还会下意识地去抓它。人们不想放弃他们熟悉的工具。对于消防员来说，工具定义了消防员的性质和他们的工作属性。放下工具意味着生存危机和身份的异化，类似于 "让消防员忘记自己是消防员"。

2.5.2 放下，清空，归零

如何才能消解组织惰性对组织的不良影响，避免陷入核心能力刚性的困境？一个非常有效的方法就是进行组织忘却，即放弃或改变那些原有的过时观念和惯例，为组织学习新知识提供空间。它能帮助组织解除锁定、应对不确定、模糊环境。关于组织面临危机的相关研究表明，过去的知识会抑制新的学习。在组织尝试新的想法之前，必须先发现旧的想法的不足，然后抛弃它们，即忘却必须先于学习，因为舍不得孩子便套不着狼！

这对个人和组织来说绝非易事，很少人会因为其他选择可能会提供很好的结果而放弃他们当前的信念和惯例，因为他们知道当前的信念和程序来自于理性分析和成功的经验，所以他们必须看到这些信念和程序有严重缺陷的证据后，才会考虑重大的变革。这种不情愿一定程度上解释了为什么很少有组织甚至个人能在危机中幸存下来。

当我们的组织和员工受到不确定性压力的挑战时，安全策略是坚持熟悉的，而不是试图适应不熟悉的。当我们欺骗自己，以为只要掌握手边熟悉的工具，就能把陌生的变成熟悉的，悲剧就发生了。当我们训练自己掌握一种工具时，我们需要记住，没有什么工具是不能扔掉的，即使是最神圣的工具。工具只是处理外部环境的一种手段，而不是全部。我们需要的是既能使用工具又能放下工具的专家。

🏆 2.6 学会创造

创造力如何诞生

创造力听起来非常虚无缥缈，它可能来自我们思维的火花，来自灵光一闪。大多数人对于创造力的感知非常模糊，很难将它具体描绘出来。组织研究领域对创造力有一个普遍的共识定义，即创造力指开发新颖且有用的想法、产品和其他成果的过程[40, 41]，且创造力由新颖性和有用性这两个维度构成。[42]人们想法的阐述和重复可以被理解为是不同形式的创造力在作用。新颖性使创造力有别于经过长久使用和检验的解决方案，被视为区分创造性思维和非创造性思维的关键维度，多采用流畅性（想法的数量）、灵活性（一组想法所属不同类别的数量）、独创性（区别与他人想法的独特性频率）三种指标进行衡量。而有用性则是将提出的想法与所要解决的问题建立关联，将可以真正接受的创意与那些疯狂怪诞的想法区分开来的一种评价维度。[43]虽然组织研究领域对新颖性和有用性达成了共识，但是对新颖性和有用性的定义和衡量方式仍然存在不同意见。

不同创造力之间的差异可以用距离来衡量和解释。距离塑造了创造力的形式，也解释了创造者如何在不同的形式之间移动。因此，如果创造力是新颖性和实用性的结合，那么距离就像一个数学函数，它改变了结构之间的性质和关系。因此，距离是一个以前没有概念化的因素，它解释了这三种形式如何相互关联，提供了一种衡量工具，以便更深入地理解创造力现象。

莎拉·哈维（Sarah Harvey）和詹姆斯·贝里（James W. Berry）以元理论的思维实现了对创造力有关研究的整合，通过衡量创造力中新颖性和有用性两个维度间的语境距离和过程距离差异，对创造力的不同类型予以生动地描绘与解读，并由此总结出了三个相关的理论视角，分别是最大化、平衡与整合。[44]以作家写书这个行为举例，基于元理论的观点认为，写一本书可以有三种独立的创造力形式：①自由构想一个新概念时产生的最大化创造力；②在想出如何使书能够吸引一个出版社代理人时的平衡创造力；③在写作时应对语言、人物和故事情节时的整合创造力。

第一种观点，最大化视角。认为创造力由新颖性和有用性两者组成，同时两者是独立的，正交垂直，互不影响。创造力是由代表正交维度的两个连续变量组成的，这两个维度分别是新颖性和有用性，它们独立地对创造力做出贡献。从最大化视角出发，当新颖性和有用性都处于最高水平时，创造力是最大化的，因为每一个维度都可以独立优化。这种观点借鉴了进化理论，在进化理论中，新颖性通过不受约束的想法产生，并且想法被过滤为有用性。进化动力源于随机变化，以最大化新颖性，然后进行选择性保留，以最大化有用性（只有最有用的思想才能被保留下来）。因此，在创造性产品中，新颖性和有用性可能相去甚远。本质上，最大化视角是创造力中新颖性和有用性维度发散和收敛的过程，就像是一种漏斗形式的创新，在设计思维中我们也能够看到这种思想的身影。

第二种观点，平衡视角。平衡的观点意味着当思想保持适度的新颖性和有用性，即能够平衡它们之间的内在张力时，创造力是最高的。创造力由新颖性和有用性两者组成，两者为负相关，此消彼长。一系列的研究明确地认为新颖性和有用性是矛盾的[45]，因此它们看起来是不兼容的，是负相关的。[46] 为了使创造性产品新颖有用，它们必须两者兼备且水平适中（否则，可能仅有一个属性），所以创造力包含了两者之间的调和。因此，如果创意只有一个维度是高的，那么它的创造力就会低下，因为它在另一个维度上必然是低的。因此，在创造性成果中，新颖性和有用性更加紧密地结合在一起。或者，新颖性和有用性被认为是并行工作的，因此它们在创造性的想法中相互增强，并不可分割地联系在一起。[47] 由此可得出结论，新颖性和有用性，在创意产品中是紧密相连的。

第三种观点，整合视角。整合的观点认为，当新颖性和有用性结合在一起时，创造力是最高的。这种观点强调"选择、拒绝和将不同的想法和贡献综合成一个连贯的整体"[48]，借鉴了合成、组合和经纪理论。正如凯斯特勒（Koestler）所写："创造性的行为……不会无中生有：它揭示、选择、重新整理、结合和综合已经存在的事实、想法、能力和技能。"因此，它涉及寻找元素之间的联系[49]，并将它们重新组合成新的模式，强调明显冲突或不同想法之间的相互联系。[50] 整合理论的生成动力是组合，其拥有的属性往往是以一个连贯的整体出现。整合视角提供了一种被称为"神奇的合成"的转变，因此当一个想法既包含新颖性又包含有用性时，创造力就存在了，创造力的生成深深植根于整合之中。

与此同时，应该注意的是，我们不应将创造力的形式理解为创造性行为或结果可以明确归类的类型，而应将其理解为一个连续统一体。这些形式是理论上的，可能是模糊的或组合的。例如，理想情况下，正在进行头脑风暴的人们可能根本不会考虑他们的想法是否有用。然而，在实践中，人们很可能在不同程度上考虑了这个想法是否有用，从而排除掉了不切实际的想法。因此，创造力从一种形式转换到另一种形式的确切时间点是不清楚的，而且通过经验来捕捉它是具有挑战性的。一些研究已经涉及复杂的创造力形象，这些形象不能完全符合单一的形式。例如，艾拉·米隆-斯比科特（Ella Miron-Spektor）和杰拉德·比宁（Gerard Beenen）借鉴了平衡理论和整合理论，展示了创作者如何体验新颖性和有用性之间的张力，然后朝着整合这些维度的方向前进。无论是实践者还是学者，都可以在创作过程中体验和捕捉到创造力的多种形式。

也就是说，创造力的形式并不是恒定不变的，它会随着时间的推移不断细化和迭代，在不同的形式之间移动转换。例如在创作写作的过程中，书或文章一开始是一个抽象的概念，但随着时间的推移，细化增加了具体的细节，在推广的过程中，又可能会根据读者或基于市场偏好的编辑反馈评估想法，以进行调整。在表 2-1 中我们对创造力形成的三种观点进行总结，并描述了三种视角下新颖性和有用性之间的关系。

表 2-1　创造力形成的三种观点 [51]

	最大化视角	平衡视角	整合视角
总结	动力源于随机变化，以最大化新颖性，然后进行选择性保留，以最大化有用性	动力源于不同主体或观点之间的紧张关系，并通过平衡新颖性和有用性来调和	动力源于组合和连接，并将想法转化为新的模式
创造力的呈现形式	以最大化形式呈现的创造力：分别最大化新颖性和有用性	以平衡形式呈现的创造力：平衡新颖性和有用性	以整合形式呈现的创造力：整合新颖性和有用性
新颖性和有用性的远端关系	两者相互独立、互不干扰：在创造性产品中，新颖性和实用性可能彼此相距甚远，创造性产品可能具有较高的新颖性而实用性较低，反之亦然	两者相互矛盾、此消彼长：当新颖性增加时，有用性减少，反之亦然，在创意产品中，新颖性和有用性必须处于中等水平，以便使两者共存。它们在创意产品中的关系更为紧密	两者相互依存且成正相关关系：新颖性增加，有用性增加，反之亦然。在创造性产品中，新颖性和有用性密切相关，它们可能重叠，也可能是同一枚硬币的两面

续表

	最大化视角	平衡视角	整合视角
创造过程阶段间的距离	阶段分离的线性模型	阶段间闭合迭代、细化的线性模型	具有重叠和统一阶段的整合模型
理论根基	进化理论（evolutionary theory） 阶段模型（stage models） 发散思维（divergent thinking）	冲突（conflict） 探索/利用式（exploration/exploitation） 悖论（paradox）	合成（synthesis） 组合（combination） 经纪理论（brokerage theories）
当前研究流和方法的举例	头脑风暴 方法：实验 多样性 方法：实验和实地研究 冲突与竞争 方法：实验和定量的实地研究	生成探索模型 方法：实验 悖论 方法：实验、定量研究、定性研究、理论研究 约束 方法：实验、定量研究、定性研究	变革性领导与整合复杂性 方法：定量的实地研究 经纪与网络 方法：定性、定量的实地研究 基于实地和过程的研究 方法：定性研究、理论研究

参考文献

[1] Barnett W P，Carroll G R. Modeling internal organizational change[J]. Annual review of sociology，1995，21（1）：217-236.

[2] Hannan M T，Freeman J. The population ecology of organizations[J]. American journal of sociology，1977，82（5）：929-964.

[3] Hannan M T，Freeman J. Structural inertia and organizational change[J]. American sociological review，1984：149-164.

[4] Hodgkinson G P. Cognitive inertia in a turbulent market：The case of UK residential estate agents[J]. Journal of Management Studies，1997，34（6）：921-945.

[5] Tripsas M. Technology，identity，and inertia through the lens of "The Digital Photography Company"[J]. Organization science，2009，20（2）：441-460.

[6] Teece D J，Pisano G，Shuen A. Dynamic capabilities and strategic management[J]. Strategic management journal，1997，18（7）：509-533.

[7] Beckman C M，Burton M D. Founding the future：Path dependence in the evolution of top management teams from founding to IPO[J]. Organization science，2008，19（1）：3-24.

[8] Sydow J，Schreyögg G，Koch J. Organizational path dependence：Opening the black

box[J]. Academy of management review，2009，34（4）：689-709.

[9] Hallencreutz J，Turner D M. Exploring organizational change best practice：are there any clear‐cut models and definitions?[J]. International Journal of Quality and Service Sciences，2011.

[10] Karn G N，Highfill D S. The dark side of change[J]. Across the Board，2004，41（2）：39-41.

[11] de Holan P M，Phillips N，Lawrence T B. Managing organizational forgetting[J]. Mitsloan management review，2004，45（2）：45.

[12] Finkelstein S，Whitehead J，Campbell A. The illusion of smart decision making：the past is not prologue[J]. Journal of Business Strategy，2009.

[13] Nystrom P，Starbuck W H. To avoid organizational crises，unlearn[J]. Unlearn（December 25，2015），2015.

[14] Lewis M，Hayward S，Hornyak R. Design thinking：Breaking fixation for new relationships between organizations[J]. Journal of Business Strategy，2017.

[15] Berger W. The secret phrase top innovators use[J]. Harvard Business Review，2012，17.

[16] Paulus P B，Nijstad B A. Group creativity：Innovation through collaboration[M]. Oxford University Press，2011.

[17] Shermer M. The believing brain：From ghosts and gods to politics and conspiracies---How we construct beliefs and reinforce them as truths[M]. Macmillan，2011.

[18] Shleifer A. Psychologists at the gate：a review of Daniel Kahneman's thinking，fast and slow[J]. Journal of Economic Literature，2012，50（4）：1080-91.

[19] Guercini S，Milanesi M. Heuristics in international business：a systematic literature review and directions for future research[J]. Journal of International Management，2020，26（4）：100782.

[20] Baumgartner M A，Mangematin V. Strategy renewal：Breaking the mould with new business models[J]. Journal of Business Strategy，2018.

[21] 杨光，汪立.思维定势如何影响创意质量——基于"众包"平台的实证研究 [J].管理世界，2017（12）：109-124+157+188.

[22] Farjoun M，Ansell C，Boin A. PERSPECTIVE—Pragmatism in organization studies：Meeting the challenges of a dynamic and complex world[J]. Organization Science，2015，26（6）：1787-1804.

[23] Hernes T. Studying composite boundaries：A framework of analysis[J]. Human relations，2004，57（1）：9-29.

[24] Sturdy A，Clark T，Fincham R，et al. Between innovation and legitimation—boundaries

and knowledge flow in management consultancy[J]. Organization, 2009, 16（5）: 627-653.

[25] Hara N, Fichman P. Chapter five frameworks for understanding knowledge sharing in online communities: Boundaries and boundary crossing[J]. Social informatics: Past, present and future, 2014, 89.

[26] Abraham R, Aier S, Winter R. Crossing the line: overcoming knowledge boundaries in enterprise transformation[J]. Business & Information Systems Engineering, 2015, 57（1）: 3-13.

[27] Kotlarsky J, van den Hooff B, Houtman L. Are we on the same page? Knowledge boundaries and transactive memory system development in cross-functional teams[J]. Communication research, 2015, 42（3）: 319-344.

[28] Sturdy A, Clark T, Fincham R, et al. Between innovation and legitimation—boundaries and knowledge flow in management consultancy[J]. Organization, 2009, 16（5）: 627-653.

[29] Smith P. Boundary emergence in inter-organizational innovation: The influence of strategizing, identification and sensemaking[J]. European journal of innovation management, 2016.

[30] 吴增源, 谌依然, 伍蓓. 跨界搜索的内涵、边界与模式研究述评及展望 [J]. 科技进步与对策, 2015, 32（19）: 153-160.

[31] Corcoran K, Mussweiler T. The cognitive miser's perspective: Social comparison as a heuristic in self-judgements[J]. European Review of Social Psychology, 2010, 21（1）: 78-113.

[32] Evans J S B T. In two minds: dual-process accounts of reasoning[J]. Trends in cognitive sciences, 2003, 7（10）: 454-459.

[33] Fiske S T, Taylor S E. Social cognition: From brains to culture[M]. Sage, 2013.

[34] Kahneman D. Thinking, fast and slow[M]. Straus and Giroux, 2011.

[35] Stanovich K E. What intelligence tests miss[M]//What Intelligence Tests Miss. Yale University Press, 2009.

[36] Park J W, Hastak M. Memory-based product judgments: Effects of involvement at encoding and retrieval[J]. Journal of Consumer Research, 1994, 21（3）: 534-547.

[37] Feldman M S, Pentland B T. Reconceptualizing organizational routines as a source of flexibility and change[J]. Administrative science quarterly, 2003, 48（1）: 94-118.

[38] 白景坤, 荀婷, 张贞贞. 组织惰性: 成功的副产品, 抑或组织病症？——基于系统性审查方法的述评与展望 [J]. 外国经济与管理, 2016, 38（12）: 113-128.

[39] Akgün A E, Byrne J C, Lynn G S, et al. New product development in turbulent

environments: Impact of improvisation and unlearning on new product performance[J]. Journal of Engineering and technology Management, 2007, 24（3）: 203-230.

[40] Amabile T M. The social psychology of creativity: A componential conceptualization[J]. Journal of personality and social psychology, 1983, 45（2）: 357.

[41] Woodman R W, Sawyer J E, Griffin R W. Toward a theory of organizational creativity[J]. Academy of management review, 1993, 18（2）: 293-321.

[42] Shalley C E, Zhou J, Oldham G R. The effects of personal and contextual characteristics on creativity: Where should we go from here?[J]. Journal of management, 2004, 30（6）: 933-958.

[43] George J M. Creativity in organizations[J]. Academy of Management annals, 2007, 1（1）: 439-477.

[44] Harvey S, Berry J. Toward a meta-theory of creativity forms: How novelty and usefulness shape creativity[J]. Academy of Management Review, 2022（ja）.

[45] Miron-Spektor E, Beenen G. Motivating creativity: The effects of sequential and simultaneous learning and performance achievement goals on product novelty and usefulness[J]. Organizational Behavior and Human Decision Processes, 2015, 127: 53-65.

[46] Smith W K, Lewis M W. Toward a theory of paradox: A dynamic equilibrium model of organizing[J]. Academy of management Review, 2011, 36（2）: 381-403.

[47] Schad J, Lewis M W, Raisch S, et al. Paradox research in management science: Looking back to move forward[J]. Academy of Management Annals, 2016, 10（1）: 5-64.

[48] Lingo E L, O'Mahony S. Nexus work: Brokerage on creative projects[J]. Administrative science quarterly, 2010, 55（1）: 47-81.

[49] Harvey S. Creative synthesis: Exploring the process of extraordinary group creativity[J]. Academy of management review, 2014, 39（3）: 324-343.

[50] Farjoun M. Beyond dualism: Stability and change as a duality[J]. Academy of management review, 2010, 35（2）: 202-225.

[51] Harvey S, Berry J. Toward a meta-theory of creativity forms: How novelty and usefulness shape creativity[J]. Academy of Management Review, 2022（ja）.

重新确定问题

第3章

我们应该让自己远离答案，活在问题中。

——科拉姆·麦卡恩

🏆 3.1 问题的价值胜过答案

3.1.1 先确定问题，而非寻找答案

阿尔伯特·爱因斯坦（Albert Einstein）和马克斯·韦特海默（Max Wertheimer）在柏林时成了亲密的朋友。韦特海默是格式塔心理学（Gestalt psychology）学派的创始人之一。20世纪30年代初，两人从德国逃到美国。爱因斯坦住在普林斯顿，韦特海默住在纽约，他们仍然互相写信，保持着友谊。

在一封信中，韦特海默给爱因斯坦出了一道题。韦特海默利用他的专长，用下面的难题来愚弄爱因斯坦：一辆旧汽车行驶 2 英里，上山 1 英里，下山 1 英里。这辆车太旧了，平均每小时上山 15 英里。请问：这辆汽车下坡速度要多快，才能达到上下山每小时 30 英里的平均速度？爱因斯坦向韦特海默承认自己被骗了："当我刚要计算，我才意识到它根本没有时间下山。"

格式塔心理学解决问题的方法是重述问题，直到明确答案。让我们看看这种方法是如何解决这个问题的。这辆破旧汽车要花多长时间才能到达山顶？上山的距离是 1 英里，速度是 15 英里每小时，所以上山所需的时间是 60 分钟除以 15 英里每小时，即 4 分钟。如果平均速度是每小时 30 英里，这辆汽车上山加下山需要 4 分钟，但这 4 分钟都花在上山上面了，因此这辆汽车根本没有时间下山。

这个故事启示我们解决复杂问题的本质在于对核心问题进行明确定义、准确识别，以及对环境隐性知识进行了解。[1] 大多数人一直都在使用错误的框架或范式来解决问题，学会识别真正的问题提供了一个分析成功和失败的真正根源而不是表象的平台。

在学校里，很多时候我们被教导回答问题，而不是重建问题。老师们以习题的形式把问题呈现给学生。问题是固定的，学生的任务是解决问题，而不是改变或质疑问题。一个典型的问题集包含"所有的约束条件和已知信息，所有的约束条件和信息都是预先确定的"。然后，学生解剖预先包装好的、预先验证过的问题，并将其放入记忆的公式中，以得到正确的答案。这是一种传统的简化论（化约主义）的思维，这种方法实际上与现实完全脱节。套用爱因斯坦的话，"你不可能用创造问题的统一思想体系去解决所有问题"。这种思维带来的缺陷是严重的，也是阻碍有效、创造性地解决问题的障碍。在商业中，问题往往是半成形的，我们必须自己去发现、定义、再定义。但是，一旦我们发现了问题，我们会反射性地回答问题，而不是问自己：有没有更好的问题需要解决？虽然我们口口声声说找到正确问题的重要性，但我们倾向于采取过去的策略。这种思维缺陷反映了现代世界的一种不愿意面对现实的观点。

3.1.2 尝试使用整体思维

每当我们对一个问题非常熟悉且认为有正确的答案时，就看不到其他选择。这种趋势被称为定势效应。这也是传统的化约主义带来的结果，就像聚光灯一样，聚光灯集中照射的只有一个区域，灯光外的一切都被忽略了。人们被聚光效应所困住，有时我们根本不记得聚光灯的存在，太过长久地栖身在小光圈内部使我们忘记了光圈外有着更广阔的风景。在一项针对 17 个国家 91 家公司 106 名高管的调查中，85% 的人同意或强烈同意他们的公司在定义问题方面做得不好，而这种弱点反过来又使他们公司的运营成本过高。正如决策学家保罗·纳特（Paul Nutt）的研究表明的，公司失败的部分原因是他们没有正确地定义问题，因为只有不到 20% 的管理者会在他们的决策中考虑多种选择。在这种情况下，尝试刻意训练自我的整体思维就显得格外重要。整体思维能够帮助思考者在广阔的背景下理解问题。他们首先尝试扩展他们的理解，把每个问题的更大的需求和目的考虑进来，而不是将问题分解成更小的组成部分，并将重点放在假定的一个破碎的元素上。他们将问题放在一个系统环境中，将其作为许多问题与其他系统相互关联的一部分。问题并非孤立存在，当你解决一个单一问题时，记住，它只是问题整体系统的一部分，这个系统里有高级问题也有低级问题。当你在系统内上下移动查找时，解决方案或许就会自动浮现。

答案通常包含在问题本身中，而重构问题是找到解决方案的关键。怎么看待问题，决定了问题如何被解决。达尔文曾在给一位朋友的信中写道："经过深思熟虑，我认为清楚地看到一个问题比解决它要难得多。"量子力学不确定性原理的提出者维尔纳·海森堡（Wener Heisenberg）曾说过："我们观察自然的方式并不是真实的，而是自然暴露在我们提出问题的方式中。"把问题想象成各种相机镜头。用广角镜头，你可以捕捉到整个场景；用变焦镜头，你可以得到特写。同时，如果你认为自己无法看清问题，不妨求助其他人，信息是通过旁观者的眼睛决定的。尽管许多人可能看到相同的情况，但在他们解释相同的信息时有可能是截然不同的。有意地从许多人中寻找多种视角，获得多种观点，可以帮助我们提高对一个问题的认识和理解。记住，当我们重构一个问题时，我们就有能力改变答案。我们需要时刻铭记约翰·布朗（John Brown）的话："问题的价值胜过答案。"

3.2 提出问题，逆转假设

3.2.1 学会聪明地提问

1949 年 8 月 5 日，瓦格纳·道奇（Wagner Dodge）发明了一种逃离美国蒙大拿曼恩峡谷森林大火的方法。那天下午，15 名消防员跳伞进入西蒙大拿，想要控制一场森林大火。不到两个小时后，12 名消防员被困在大火中，有的死亡，有的奄奄一息。所谓火灾大爆发是指火灾在风的作用下意外形成火焰风暴。火灾大爆发之于普通的森林火灾，就像飓风之于海洋风暴。

那是旱季的一个炎热的日子，一群消防员跳伞来到曼恩峡谷的顶部。他们的计划是沿着曼恩峡谷北侧下到密苏里河，然后穿过火势正在蔓延的南侧。他们计划从山下把火扑灭，因为火焰向上蹿，这样他们就不会让自己置于不必要的危险之中。

33 岁的道奇是一个沉默寡言的人，曼恩峡谷火灾发生前，他为林务局工作了 9 年，并担任了 4 年的跳伞消防队长。作为该小组的队长，他本应花三个星期的时间与队员们一起训练，但在被分配到的却是一项维护工作。他在跳进曼恩峡谷之前并不了解自己的队伍。

当他们走了大半段时，道奇注意到一股烟从他身边的峡谷底部升起，在曼恩峡谷的北面。他立刻知道，由于某种不确定的原因，火被"点燃"了，也就是说，南坡上的火星和灰烬被风带到了北坡上，点燃了一场新的火，一场二次火，就在他们的位置下面。道奇知道火会迅速地向山谷的北坡蔓延，现在他和他的队员已经挡住了大火的方向。大火很可能把他们全都烧死。道奇命令队员们跑到山顶寻找安全地带。但当他回头看山顶时，他意识到他们不可能跑上去。大火紧追不舍，而且越来越快。诺曼·麦克林（Norman Maclean）写过一本关于曼恩峡谷的书《年轻人与火》（*Young Men and Fire*），其中记录了消防员的困境。随着火焰越过密苏里河蔓延到曼恩峡谷底部，只花了半个小时就追上了跑得最远的消防员。消防员们在 5 点 45 分开始撤退，5 点 53 分，消防员们开始扔掉装备。风速为每小时 30 英里，大火在一分钟内就会吞噬他们，道奇将其描述为一堵火墙，就像一场携带火而不是水的海啸。起初火焰移动缓慢，凌晨 5 点 49 分，火势蔓延得快了。前行之路变得越来越陡峭，火势蔓延得越来越快，消防员跑得越来越艰难。消防员逃离的最后一段斜坡的角度是 76 度。

麦克林本人被困在这一场丛林大火中，死里逃生。他回忆道："在山坡上被烧死至少要死三次，而不是人们之前说的两次——首先，你的腿会在大火吞噬你之前折断；然后，如果你出不去，你会被一团奇怪的烟雾和红色、蓝色的火焰包围，氧气会耗尽，你会窒息而死；最后，你在祈祷中被火焰吞噬，如果你是天主教徒，剩下的可能就只有你的十字架了。"根据麦克林的叙述，跑得最慢的消防员是在早上 5 点 56 分被大火赶上的。不一会儿，大火就追上了其他消防员。两名消防员成功到达安全地带，但另有 12 人遇难。

道奇采用了一个反直觉的想法逃脱这场大火。5 点 55 分，道奇在自己面前放了一把火，因为他知道火焰会爬上山顶，而他可以躲在余烬中。他把水壶里的水浸在手帕上，捂着鼻子和嘴，脸埋在灰烬里，和任何易燃的植物隔离开。他的逃生时间只有不到一分钟，因此他没能说服其他人加入他的行列。没有人知道他在做什么——他发现了一种新的逃生方法。两名幸存消防员中的一名说，当他们看到道奇点火时，以为他一定是疯了。

想象一下当时的情境，道奇和其他消防员都在逃命，扔掉了消防装备，并完全意识到自己被困在火焰中。我们对当时的情况有四点想法，这与道奇当时的想法非常一致。第一个想法是，如果他们必须跑上斜坡，这对大火有利，但对正在跑的人是不利的，他们跑得越高，斜坡就越陡。第二种想法是，火在追着我，而且越来越快。第三种想法可能是我需要找到一个安全的岛屿——如果我能爬到坡顶，那么火就不会追着我了。或许我可以找到一个小石头斜坡，它是防火的。我看到在山上的高处确实有一块岩石区（另外两个消防员跑到那里并幸存了下来），但我知道我无法及时赶到那里。我面前还有 200 码的上坡距离，而身后的大火会在 30 秒内追上我。第四个想法是，我要穿过一大片干草，这是大火将要吞噬的燃料。我没有时间去思考如何改变山谷的坡度或者如何扑灭大火，它们不在我的控制范围内。我也无法到达山谷上方的岩石地带，大火马上就追上我了。但我也许能对第四个想法做些什么：它是火焰的燃料，我怎么摧毁燃料？是的，我可以自己烧！火是我的敌人，但它也可以是我的朋友。为了躲避大火，道奇点了一堆火，燃烧面前的所有燃料，跳进了滚烫的灰烬中。从道奇的思维过程中，我们可以看出他通过提问去寻找任何可以颠覆的前提条件。当他发现干草即将成为燃料，由此产生了一个逃生计划。

采用聪明的方式向我们的大脑重新提问，我们就会有机会重新审视自己对问题及解决方案的假设和知识。我们对自己和世界都有心理模型或假设，尽管大多是无意识的，问题在于你的假设并不总是正确的或者适用于每一种情况。你的隐含假设可能会导致你走向错误的方向，更糟糕的是，错过收集正确或"聪明"的信息。除非你认识到你的假设的局限性，并愿意揭露它们，甚至将它们打破，否则你注定会得到同样有限的结果。化约主义和简化思维尤其会让我们接受假设，遵循"如果 a 和 b 为真，那么 c 为真"的方法，但问题是很少有人质疑 a 和 b 是否一开始就为真。放在道奇遇到的困境中，很少有人会想到这种情况下除了靠自己跑赢大火，逃到一个安全的地方之外，还存在其他任何逃生方法。他们默认了这种假设，从而失去了重新提问和思考的可能性。学会聪明的提问能迫使你去寻找相关背景假设背后的真相，而这些假设是你在某种情况下自动接受的。[2]

在道奇的身上，我们还能够看到高度警觉性在应对危机时的积极作用。道奇有着非常强的警觉性，能够在短时间内迅速思考，判断其所处环境的特征，然后迅速制定战略，分析环境和自身能力的匹配关系，进而抓住求生的机会，这是他密切关注当地物理条件和时间所产生的即兴聚焦近视行为的结果。这种近视行为关注局部细节，即事件发生过程中的本地信息，在这种近视中，对当地环境的关注有助于即兴创作者创造出与当地环境特别吻合的新动作。这种近视行为与警觉性也密切相关。在商业环境中，我们同样非常有必要保持组织警觉性，这能为企业提供有价值的实践指导，让企业抓住机会，如果错失机会窗口，企业将会陷入持续落后的状态。组织警觉是企业通过敏锐察觉内外部环境中的信息线索并进行加工传递的能力，这帮助组织分析判断自身所处的环境特征，集合自身能力和环境之间的匹配关系，从而为抓住机会窗口创造条件。组织警觉可以分为外源性警觉和内源性警觉两种，内源性警觉是从组织内部做出反应，而外源性警觉则是从组织外部环境进行决策和反应，当企业能够在组织内培养和形成这两种警觉类型时，就能有效从内部和外部环境中获取发展的可能性，解决能力与环境的匹配关系，为打开机会窗口创造条件。

英特尔（Intel）前创新策划员辛西娅·拉贝（Cynthia Rabe）发明了一个术语——"专业知识悖论"，即你越深入地投入一个市场、一个产品种类或一种技术，你就越难放开思路去接受可能重塑市场的全新业务模式，或超越现有技术的发展方式。过去的成就不一定会成为后续突破的敌人，但可能会束缚你抓住未来的能力。拉贝强调："来之不易的经验、最佳实践以及流程等成就组成的基石，同样很可能成为包袱，使其落后。换句话说，我们所拥有的知识，尤其是众所周知的'知识'会扼杀创新……因为当我们成为专业人士，我们经常会沉浸于'如果……会怎么样'的狂想中，而不是脚踏实地去关注'是什么'的现实。"[3] 我们可以通过提问避免掉进仅仅追求解决老问题的陷阱中，诺贝尔和平奖得主埃利·威塞尔（Elie Wiesel）说："'问题'（question）中包含一个非常美妙的词——'探索'（quest）。我太喜欢这个词了。"

3.2.2　寻找那些特立独行者

很多时候，我们已有的知识会限制我们的想象力。有充分的证据表明，不加思考地使用前提和旧的解决方案的模式不利于组织创造力的生成。当人们被给予了一个具体的解决方案，他们就会倾向于使用这个解决方案，即使它早已不是最好的一个。这也是为什么一些卓越的公司可能希望招募到一些不合常规的人，并且小心谨慎地处理他们不合常规的行为，以充分利用他们，因为不合常规为创造力培育提供了充足的养分。现代商业世界需要快速产生想法来保持竞争力，管理者和领导者需要做好两件事情：不仅需要接受创造力，还需要积极寻找能将创造力嵌入组织 DNA 中的人。

特立独行者是那些在组织内看起来独特且古怪的人，虽然他们似乎生活在组织规则之外，但他们所拥有的不合规行为和开放性思维（out-of-the-box thinking）时常能给组织带来非凡的成果。[4] 他们天生擅长在模棱两可和不确定的环境下有效工作，倾向于无视组织内的现行规则、流程和程序，采取动态的、创造性的、大胆的、破坏性的、涉及冒险的思维模式和非常规行为，不只局限于改变当前的做法，还拥有未来定位和大局观视野，先于组织内其他同事战略性地识别和解决未来问题和挑战 [5]，这对组织在高度复杂和迅速变化的环境下保持持久的生命力意义非凡，同时也能促进组织产生创造性的变革，帮助组织与其他竞争者竞争，识别和挑战那些隐藏在组织文化深处、限制其探索未来可能性的隐含假设，使组织识别思维中的障碍，从而进行深层次变革去改变领域内整个游戏规则，使组织成为行业中的领导者和权威者。

但是，这些行为也破坏了组织内运作的基本方式，挑战了组织中嵌入的传统结构。虽然特立独行者对组织变革带来了非常积极的作用，能够促使组织变得更具适应性和响应能力，但会经常受到抵制。因为许多组织领导者将"特立独行"一词与违反规则的不合时宜的形象与挑战主流方法的冲动联系在一起，许多管理者会认为这种公然无视组织规范的行为对组织的主导文化构成威胁，挑战了组织稳定的现状。

而事实上，众多研究结果表明，特立独行行为实际上是一种积极的偏差行为，尽管特立独行者和工作偏差者可以表现出类似的破坏性行为，但他们的关注点、意图和由此产生的结果却完全不同，他们的行为区别如图 3-1 所示。特立独行行为的本质在于使组织和组织成员受益，而不是单纯的自利行为。许多学者认为当对组织最有利时，特立独行者会集中精力创造积极的、往往是激进的变革。[6-8] 因此，如果组织想要突破思维定式，源源不断地产出创造性的解决方案以解决挑战性问题，就要学会转变对他们的负面看法，将他们视作组织所拥有的宝贵资产，提供合适的工作环境帮助他们"茁壮成长"。深入理解和欣赏特立独行的行为及其背后隐含的知识和原因至关重要，这为组织和特立独行者之间建立起了沟通合作的桥梁，同时也限制了组织中特立独行者产生破坏性行为的感知风险。[9]

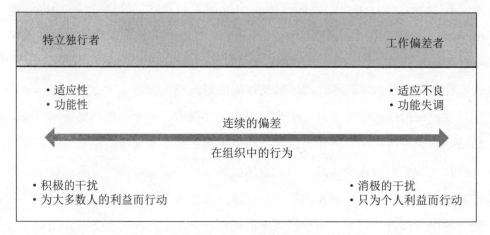

图 3-1　特立独行者与工作偏差者间的区别 [10]

那么，我们究竟应该怎么做？要想支持特立独行者，组织必须在组织文化、管理流程和组织结构中发展一些关键属性来克服偏见。例如组织文化需要对创造力和突破性思维方式保持开放态度，并有能力挖掘识别和培养有才华的特立独行者。同样，传统的管理流程和结构会让组织内部权力倾向选择保守的做法，组织必须改变这种流程和结构来缓和这种限制性影响，比如鼓励组织在必须遵守的执行流程和程序之间建立平衡，允许组织成员灵活地挑战保守和过时的官僚作风。这些似乎是组织能够实现成功最大化的同时，享受到特立独行带来的好处的基本要素。

具体可以采取以下措施：①让特立独行者发挥优势。接纳他们，学会战略部署，让他们到适合的部门或领域，让组织成员认识到利用特立独行者的自然优势和能力，而不是试图限制他们。比如特立独行者可能是一个非常强大的谈判者、合作者和影响者，但文书工作、处理财务管理可能就不是他们的强项。②提供自主权和信任。当环境赋予他们行动自由时，特立独行的人就会茁壮成长。大多数观察者型受访者分享了他们的看法，当感到被信任并在工作场所获得自主权时，特立独行的人最成功。组织可以与特立独行的人一起协商工作的边界条件，从根本上确定哪些区域是超出范围的，哪些不是，通过建立广泛但具体的边界，保守组织仍然可以努力提供一个灵活的环境来迎合特立独行的行为，同时确保维持基本的系统和流程。比如管理团队可以告诉他们需要完成什么，但他们是如何做到的以及何时完成的，由他们自己决定。这可以消除不必要的官僚主义和控制。③提供支持和宣传。当组织为特立独行者提供支持和宣传时，会创建一个重要的缓冲区，为确保一致性而构建的官僚系统和不循规蹈矩的特立独行者之间提供了一个缓冲。

通过这些方式，组织可以在激进变革开放的领域和"保守主义是更好方法"的领域之间建立一个缓冲区。这一战略为组织提供了机会，既可以参与和受益于特立独行的行为，同时又保护了组织的其他职能领域。

🏆 3.3　刻意的初学者

3.3.1　源头思考

在禅宗中有一个原则叫作"初心"。正如禅宗大师铃木俊龙（Suzuki Shunryu）所写的那样："初学者的头脑充满了可能性，而专家的头脑却几乎没有。"这就是为什么负责耐克许多大型活动的广告代理公司 W+K（Wieden+Kennedy）鼓励员工每天用初学者的方法来工作。如果留心观察，你会发现，一些出色的管理者、工程师和其他许多被认为最有创造力和最有效率的人，往往抛弃了他们在学校学到的几乎所有关于如何计划、设计、开发、改进和创建解决方案的知识。他们使用了一种不同的思维方式和一种基于提出不同类型问题的方法论——而且是大量的问题,从而帮助他们去探寻问题或者事件背后的本质。[2]

为什么一个新手会成为身价十亿美元的作家?当 J.K. 罗琳(J.K. Rowling)把"哈利·波特与魔法"的手稿送到各家出版社时,它们都认为这本书不值得印刷。她的手稿被许多出版商拒绝,直到它落到布卢姆斯伯里出版社(Bloomsbury Publishing)CEO 奈杰尔·牛顿(Nigel Newton)的桌子上。牛顿在书中看到了他的竞争对手所没有看到的潜力。他是怎么做到的?秘密藏在他八岁的女儿爱丽丝身上。牛顿把样书的一部分给爱丽丝看,爱丽丝坐着看完,还缠着他看更多。牛顿给罗琳写了一张 2 500 英镑的支票,作为该书版权的小额定金。故事的其余部分是众所周知的。

爱因斯坦成功的秘诀是摆脱束缚其他物理学家的智力牢笼。当他发表关于狭义相对论的论文时,他还是瑞士专利局一名名不见经传的职员。作为一个物理学的外行,他写了一篇关于狭义相对论的论文,题目是《移动物体的电动力学》(*Electrodynamics of Moving Bodies*),完全不像一篇经典的物理论文。它只引用了少数几个科学家的名字,其中几乎不涉及任何现成的工作。以学术标准来看,这是一个极不寻常的举动。马斯克是火箭科学领域的后来者,他通过阅读来了解火箭;贝索斯是金融出身的零售企业家;哈斯廷斯是一名软件开发人员。他们站在现有体系之外,能够清楚地看到它的缺陷,并认识到它的方法已经过时。

3.3.2 永远保持好奇心

刻意的初学者会探寻事件表面背后的真实,他们会问不同的问题。爱因斯坦说:"我没有特殊的天赋,我只是极度的好奇。不要停止发问。好奇心有它存在的理由。当一个人对永恒的奥秘、生命或者现实的奇特结构陷入沉思时,我们不得不对他心生敬畏。如果一个人每天去理解一点点奥秘,就已足够。"

好奇心关于一个人的求知欲望，它是内在动机的核心 [11]，并可以引导人们去探索新的机会、学习新的技能、开发新的想法和解决方案 [12]，因为好奇增加了信息搜索的广度和质量。

实习医生巴里·马歇尔（Barry Marshall）的同事们惊恐地看到，马歇尔将一名患有严重胃溃疡的病人的病毒吞了下去，他将棕色黏稠物倒进一个杯子里喝了下去。黏稠物中有超过 1 亿个幽门螺旋杆菌，尝起来像沼泽水。几天后，马歇尔出现恶心和呕吐。内窥镜检查显示，他的胃已经从健康的粉红色变成了大面积感染的红色，这是胃溃疡的第一个迹象。1984 年，针对这种病还没有治疗方法，但马歇尔用抗生素奇迹般地治愈了自己。他证明了胃溃疡是由一种细菌引起的，推翻了以前认为胃溃疡是由压力和过多酸引起的理论。这一发现意义重大：如果胃溃疡是由细菌引起的，是可以治愈的。这是医学史上最重要的事件之一，拯救了数百万人的生命，并为马歇尔赢得了诺贝尔奖。

马歇尔如此热衷于这样做是有理由的，尽管他已经通过案例研究证明了自己的理论，但主任医师对此不屑一顾。他们坚持认为，有 10% 的成年人会出现溃疡，这是由压力引起的。马歇尔只能遗憾地看着他们胃里的溃疡部分被取出，然后流血而死。马歇尔，一个 33 岁的实习生，"一点也不像科学家"。马歇尔抨击制药公司在缓解症状的药物上花费数百万美元却没有效果，而他的新理论将使他们的利润减少，"每个人都在反对我，但我知道我是对的"。幽门螺旋杆菌只会影响灵长类动物，由于无法在人类身上进行测试，他只能找到一名志愿者，也就是他自己。好奇与成长型思维模式的特征密切相关，例如不断打破已有的理论和认知，将失败转变为学习机会等。[13] 刻意的初学者会远离现有知识领域，寻找认知新大陆。他们不仅是在学习新的东西，更是在获得新的认知，即从全新的角度思考已知事物。

🏆 3.4 敢于"伟大"

3.4.1 目标决定高度

大卫·迈克劳斯基（David McCluskey）说道："我很尊重平均水平，在绝大多数行业，要达到平均水平并不容易，但我们选择卓越。这是一种选择。世界不会要求你做到卓越。你得自己为之奋斗。每一天，人们都应该问问自己：'我愿意做那些普通领导者不愿意做的事情吗？'世界不会逼你成为卓越的领导者。你必须以此标准要求自己。"

政治战略家詹姆斯·卡维尔（James Carville）和保罗·贝加拉（Paul Begala）讲了一个故事，讲的是一头狮子面临猎捕田鼠或羚羊的选择。"狮子完全有能力捕捉、杀死和吃掉一只田鼠。但事实证明，这么做所需的能量超过了吃一只田鼠能获得的能量。"相比之下，羚羊比田鼠大得多，所以"狮子必须以更快的速度和更大的力量捕猎它们"。但一旦被捕获，羚羊就可以作为狮子几天的食物。

这个故事是生活的缩影。我们大多数人都捕杀田鼠而不是羚羊。我们认为田鼠是可以捕捉的安全动物，而捕捉羚羊需要努力去探索。田鼠到处都是，但羚羊很少。更重要的是，我们周围的人都在忙着抓田鼠，因为我们担心如果追赶羚羊失败，我们可能会饿死。

我们经常用伊卡洛斯（Icarus）的神话来警告自己不要把目标定得太高。伊卡洛斯的父亲代达罗斯（Daedalus）是一名工匠，他用蜡为自己和儿子制作翅膀，以逃离克里特岛。代达罗斯警告他的儿子要跟随他的飞行路线，不要飞得离太阳太近。熟悉的情节是：伊卡洛斯不顾父亲的警告，飞向太阳。翅膀融化了，伊卡洛斯坠海身亡。这个神话的寓意很明显：飞得太高，你的翅膀就会融化，从而让你死去，而那些遵循预定路线并听从指示的人就会逃离小岛并幸存下来。但是，正如赛斯·高汀（Seth Godin）在他的书《伊卡洛斯骗局》（*The Icarus Deception*）中所写的那样，这个神话的另一部分你可能没有听说过。代达罗斯除了告诉伊卡洛斯不要飞得太高之外，还告诉他不要飞得太低，因为水会毁掉他的翅膀。代达罗斯所描述的有悖物理学原理。因为当你飞到高空时，天气会变得更冷而不是更热，所以你的翅膀不会融化。任何一个飞行员都会告诉你，高度是生死攸关的问题。当你飞得很高时，如果引擎失灵，你有机会把飞机滑翔到安全的地方。但如果飞得太低，就根本没有机会。我们应该意识到，当我们探索更大的目标时，我们会发现更多可能的解决方案，同时，你还会发现，为更大目标开发的解决方案可以完全消除曾经为小目标下的问题寻找解决方案的必要。

一个更高远的目标，能够拓展个人和组织的创意空间，更大的创意空间会带来更多的想法和思考，创造出更大的价值，并引导我们采用更高层次的战略思维，这种思维又循环促进我们识别出所处情况或领域中更广泛的问题，使个人和组织成为行业或领域的领先者。在图 3-2 中，我们形象地展示了组织目标与创意空间、价值创造大小的关系。

据谢恩·斯诺（Shane Snow）称，从 2001 年到 2011 年，50 个最理想主义品牌的表现比标准普尔指数基金高出 400%。这些品牌放弃了短期利润，为崇高目标而创建。马斯克在推销自己的公司时，将其描述为一个工程师"可以自由地做自己的工作，即建造火箭，而不是一群人坐在会议室里，等待几个月来得到官僚机构的批准，或者进行内部政治斗争"的地方。

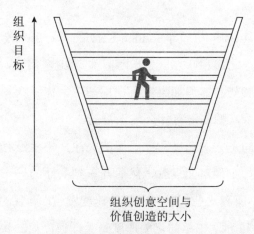

图 3-2 组织目标与组织创意空间、价值创造大小的关系

贝索斯在 2015 年的致股东信中写道："如果有 10% 的机会获得 100 倍的回报，你应该每次都赌一把。"根据《大思想的魔力》（*The Magic of Big Thinking*）一书的作者大卫·施瓦茨（David Schwartz）的说法，我们遇到的主要障碍在大脑里，几十年来社会已经让你习惯于做出条件反射，从而进一步强化了这一障碍。传统智慧让我们相信，低飞比高飞更安全，滑翔比高飞更安全，做小梦比做大梦更明智。战略学家加里·哈默尔（Gary Hamel）写道："纵观产业发展史，你会发现，在过去 100 年崛起为全球领袖的公司，无一例外都是怀着与他们的资源和能力不相称的远大抱负起步的。"

管理者即使在做普普通通的事情时，也应当思考了不同寻常的方法，下定决心要做成某些重要的事情。一般的管理者关注的是"绩效差距"，即是什么和应该是什么之间的差距，而领导者需要关注的是"机会差距"，即是什么和可能成为什么之间的差距。就像林肯电气（Lincoln Electric）创始人詹姆斯·林肯（James Lincoln）所说的："现实是有限的，可能才是无限的。"约翰·加德纳（John Gardner）提出"坚韧的乐观主义"的观点，指出未来是"由那些备受感召的人、那些狂热分子、那些极度需要某些东西或者相信某些东西的男人和女人创造的"[14]。

3.4.2 极致成就不凡

美国帕尔快餐连锁店（Pal's Sudden Service）看起来没有什么特别之处，它在美国田纳西州东北部和弗吉尼亚州西南部有 28 家门店，主要卖汉堡、热狗、鸡肉三明治、薯条和奶昔。但如果深入挖掘一下，你就会发现，从快餐产业或任何生意的角度来看，帕尔没有什么是正常的。

首先，最明显的是它对速度和准确度的关注。帕尔没有堂食，顾客把车停在窗口前，与餐厅员工面对面点餐，然后开车到餐厅的另一个窗口，拿上一纸袋食物，驾车而去。所有这些都以闪电般的速度发生：点餐的平均时间是 18 秒，取餐的平均时间是 12 秒。帕尔的点餐速度是美国速度第二快的快餐店的 5 倍。

但是帕尔不只是快，它也非常准确。你可以想象：在不到 20 秒的时间里，穿梭于双向停车位的汽车里挤满了争吵的家庭、态度恶劣的青少年或疲惫的白领。帕尔每 3 600 个订单才会犯一个错误，这是一般的快餐连锁店的 1/10，没有谁可以与之匹敌。随着时间的推移，人们对帕尔形成了这样的印象："我们不必看袋子里的东西，因为它不会错。"但是，帕尔采用的并不是机器人装配线。

此外，这家餐厅对个性化有着不懈的追求。帕尔的外墙被漆成醒目的蓝色，设计成楼梯的形状，上面有巨大的汉堡、热狗、薯条和一个杯子。每家餐厅外面都有一个巨大的标牌，上面展示了当天的新想法，例如，"追逐你的梦想"。公司网站和社交媒体也会同步更新。虽然为了提高送货速度和准确性，菜单都是短小而固定的，但是帕尔也会增添一些限时供应，还有老顾客才知道的"秘密"菜单。

对效率和个性化的执着带来了客户的高忠诚度。一家商业杂志宣称"帕尔和明星一样受人爱戴"。帕尔的顾客平均每周光顾餐厅三次，而麦当劳的顾客每月光顾三次。一个占地 1 100 平方英尺的帕尔餐厅可以带来每年 200 万美元的惊人收入，即每平方英尺的销售额为 1 800 美元，而麦当劳餐厅每平方英尺的销售额不到 650 美元。

这些事实和数字只涵盖了某些重要的结果。帕尔真正有趣的地方在于它做每件事的智慧和热情，比如它如何招聘和培训员工，它如何与渴望成功的公司分享自己的哲学等。2001 年，帕尔获得了著名的马尔科姆·波德里奇国家质量奖（Malcolm Baldrige National Quality Award）。它是第一家获得该奖项的餐饮公司，此前的获奖者包括凯迪拉克、联邦快递和丽思卡尔顿酒店等。此后，只有一家餐饮公司获得了此奖，而这家公司承认自己所做的一切都是通过研究帕尔得到的。汤姆·克罗斯比（Thomas Crosby）于 1981 年加入帕尔，并于 1999 年成为首席执行官。他说："如果你去观察一名职业运动员，你会发现他做的每件事看上去都非常流畅自如。但最终你会意识到，要做到这一点需要付出多少努力——所有的培训、所有的技能开发、所有的时间。对我们来说也是一样的。我们以速度著称，但我们所有的餐厅都没有定时器。我们特别关注流程设计、质量、招聘和培训。我们专注于客户体验的核心元素，关注我们可以做好的事情，并不断改进，直到每个员工都知道自己在做什么。速度是结果，而不是练习的重点。"

那么，练习的重点是什么？是驱使员工提供快速服务，还是设计一种方式，让顾客在与店员互动几秒钟后就能把食物带出商店？"客户不是来这里和我们一起玩的，"克罗斯比回答，"他们需要我们做的是让他们的生活更轻松一点。他们很忙，有很多事情要做，我们只是帮助他们继续工作。此外，我们对待他们要像对待成年人一样，没有'推荐销售'，没有'你想要加一杯饮料吗'，我们的客户知道他想要什么，他们不需要我们的额外建议。这样我们就不会浪费客户的时间。我们保证当我们把袋子交给你时，里面的所有东西都是你要的。一旦你踩上离合器，就可以继续前进了。"

很难想象帕尔在看似平凡的任务上花了多少心思，比如快速做好汉堡和薯条，也很难想象克罗斯比和他的同事在这上面花了多少精力。但我们可以大致了解这家公司是如何运作的。帕尔的 28 家分店雇用了大约 1 020 名员工，其中 90% 是兼职员工，40% 的员工年龄在 16～18 岁之间。帕尔开发并采用了一套筛选系统来评估这个年龄段的应聘者，这些人是出了名的难以管理。该系统基于帕尔明星服务所需的态度和性格特征创建，并会对员工进行相关的心理测试，从而预测谁最有可能在这家公司成功。

一旦帕尔挑选出候选人，他们就会经历大量的培训、再培训、测试、再测试。新员工在开始工作前要接受 20 个小时的培训，他们做的每一项工作都必须通过评估：烤汉堡、炸薯条、搅拌奶昔和点餐。大多数员工必须通过多达八项任务的测试，尽管有些人只需要精通一到两项。然后，这些候选人被要求每天在每个餐厅轮班一次，计算机随机选择 2～4 名员工，重新评估他们的工作。他们会接受一个快速测试，看看是否能通过。如果失败了，他们就不能再做这项工作，除非他们再次接受培训。平均每个员工一个月要接受两到三次测试。帕尔的目标是让公司里的每个人都能掌握自己的工作，并在他们的任期内保持领先。这使得公司能够在它所宣称的百分之三百的水平上运作：百分之百的执行、百分之百的时间和百分之百的努力。

文斯·隆巴迪（Vince Lombardi）说："完美是遥不可及的。但如果我们追求完美，我们就能达到卓越。"克罗斯比的说法略有不同："我们更信任评估，而不是完成。"他解释说："我们培训你，然后你结业了开始工作——大多数公司就到此为止了。但是在帕尔，你必须继续训练，继续得到指导，继续训练。"最重要的是，绝大多数培训都是为了提高员工的表现，并"在他们完成工作时激励他们"。在帕尔，"如果人们做错了某件事，那不是他们的问题，而是培训的问题。我们是啦啦队队长，为成功喝彩。但是如果你想让你的员工成功，你必须指导他们。因此，我们有一个完整的企业文化。我们每天都指导和训练人们"。

帕尔快餐连锁店将对细节的极致把控和持续改进融入到了企业的经营理念当中，为整个组织带来了持续的繁荣。持续改进基于三个原则——反馈、效率和进化，这实质上是一种微小的优化技术，但从帕尔的故事可以看出，持续改进促进了组织中每个流程的茁壮成长，我们仍能看到持续改进为组织反应能力、更新能力和员工参与带来的积极影响。[15]

这种文化的结果是，帕尔的员工和顾客一样忠诚，他们很少跳槽。开业几十年来，只有 7 名总经理自愿离职，副经理的年度流动率仅为 1.4%，一线员工流动率也只有行业平均水平的三分之一。克罗斯比说："人们问我，'你在培训上花了这么多时间和金钱，有人离开了怎么办？'我对他们说，'如果我们不花钱、不花时间，那员工留下来了怎么办？'"

就帕尔取得的成功而言，它实际上可以在更大的规模上发展。但公司的增长计划非常克制。克罗斯比说："我们可以发展得更快，但我们非常保守。当涉及规模时，我们发现很多公司都做错了。他们认为增长就是面积和资本的增长。但在我们看来，增长就是人的增长，领导力的增长。"

随着时间的推移，帕尔的管理技能成为传奇，尤其是在该公司获得了波德里奇奖之后。越来越多的经理人想亲眼看看传言是否属实。因此，帕尔决定成立一个组织，向其他公司传授他们已经做过的事情，不是如何做一个汉堡，而是如何努力在一个平凡的领域做到不平凡。

🏆 3.5 敢于"不同"

反过来想，总是反过来想

在迪克·福斯贝里（Dick Fosbury）进行跳高训练的时代，运动员采用俯卧起跳，或脸朝下越过杆。人们认为没有必要进行实验或想出新的技术。但是，对于迪克来说，俯卧姿势是很困难的，虽然他是一名高二学生，但运动表现只有初中水平。在一次田径运动会上，迪克决定提高他那实在一般的跳高水平。规则规定，运动员可以以任何他想要的方式越过横杆，只要他的一只脚离开地面。俯卧只是战术，过杆才是目标。因此，迪克没有采用脸朝下的姿势，而是做了相反的事——脸朝上跳过杆。他的方法起初受到了嘲笑。一家报纸称他为"世界上最懒的跳高运动员"，许多体育迷都嘲笑他。迪克证明他们错了，当他把1968年夏季奥运会的金牌带回家时，嘲笑变成了欢呼。现在，背越式跳高已成为奥运会跳高比赛的标准姿势。

《纽约时报》专栏作家托马斯·弗里德曼（Thomas Friedman）在《平庸时代的终结》（*Average Is Over*）中揭示了当前这个压力倍增时期的真谛："平庸的时代已经过去。保持平庸，你就别指望能像过去一样养活自己。越来越多的雇主能够获得（远超平均水平的）廉价劳动力、廉价机器人、廉价软件、廉价的自动化设施和廉价的天才。每个人都需要拥有特长——各自独特的价值贡献所在，这才能脱颖而出。"在2011年的广告宣传活动中，巴塔哥尼亚（Patagonia）服装公司颠覆了行业最佳做法。"与其说服消费者购买我们的产品，不如让他们不买。"该公司这样要求。如果是这样，会有什么影响？在黑色星期五，巴塔哥尼亚在《纽约时报》上刊登了整版广告。黑色星期五是感恩节后的第一个星期五，美国人会涌向商店，利用假日购物季的大幅折扣。广告中出现了一件巴塔哥尼亚夹克，标题是"不要买这件夹克"。这则反向广告让巴塔哥尼亚成为"唯一一家要求人们在黑色星期五少买东西的零售商"。这则广告之所以有效，部分原因在于它捍卫了公司"减少消费者活动和消费主义对环境的影响"的使命，但反向广告也吸引了同样价值观的人，并最终帮助公司实现了盈利。我们能够看到适用于普通公司的经典市场营销理论都是从研究消费者开始的，然后才是生产产品，但是奢侈品公司一直采取的都是完全相反的过程，即奢侈品公司的反营销法则。它们大多是家族公司，一切都从家族理念出发，对产品保持执着，然后才考虑消费者，规则是永远生产比需求量少的产品。如今，我们能够看到越来越多的公司在尝试非传统管理、逆向思维，有时候你会发现换一种思维方式，原本复杂麻烦的问题就可以迎刃而解。

许多管理者都忽略了一个秘密：容易摘的果实早就摘好了。你无法通过复制来击败更大的竞争对手，但你可以通过反向操作来击败他们。与其采用最佳实践或行业标准，不如重新定义问题，用差异化来解决问题和击败对手。因为与其更好，不如不同。问问你自己："如果我反过来做会怎么样？"即使你不采取行动，逆向思考的过程也会让你质疑自己的假设，并从当前的视角中解脱出来。下次你想解决问题的时候，不要冲动行事。相反，试着找出问题所在，问问自己：我问的问题对吗？如果我改变我的观点，问题将会如何改变？

大卫·福斯特·华莱士（David Foster Wallace）曾经讲过一个关于两条小鱼的故事。两条鱼在水里游泳，碰巧遇到一条大鱼朝相反的方向游去。大鱼向孩子们点点头说："早上好，孩子们，你们觉得这水怎么样？"两条小鱼继续往前游，最后，其中一条实在抵抗不住诱惑，问道："水到底是什么东西？"

今天，我们生活在一个永恒的回音室里，技术已经为相互冲突的信息竖起了自己的屏障。我们在微信上与和我们一样的人交朋友，在微博上关注和我们一样的人，而这都加剧了我们的确认偏见。随着我们的回音室的声音越来越响，我们不断地遇到和我们一样的想法。当我们看到别人反映出我们的想法时，我们开始感到自信。因为对立的思想无处可寻，我们就假设它们不存在，或者假设那些持有对立思想的人是不合理的。所以我们必须有意识地走出回音室。就像英特尔前 CEO 安迪·格罗夫（Andy Grove）一样，你可以问问自己：如果换了 CEO，他会如何解决同样的问题？

参考文献

[1] Balconi M. Tacitness，codification of technological knowledge and the organisation of industry[J]. Research policy，2002，31（3）：357-379.

[2] Nadler G，Chandon W. Smart questions：Learn to ask the right questions for powerful results[M]. John Wiley & Sons，2004.

[3] Rabe C B. The innovation killer：How what we know limits what we can imagine--and what smart companies are doing about it[M]. Amacom Books，2006.

[4] Gardiner E，Jackson C J. Workplace mavericks：How personality and risk‐taking propensity predicts maverickism[J]. British journal of psychology，2012，103（4）：497-519.

[5] Verdolaga G. The Maverick Effect：How to be a daring innovator and effective change-maker[M]. Promontory Press，2015.

[6] Ferrazzi K. How to protect your company's nonconformists[J]. 2015. Retrieved from http：// search.ebscohost.com.tue.80599.net/login.aspx?direct=true&db=bth&AN=103385024& site=bsi-live.

[7] Hayden B. Traits of a maverick that make for successful entrepreneurs[J]. 2015.Retrieved from http：//www.entrepreneur.com/article/246310.

[8] Mathieu M. Don't fear the mavericks：Go with them on a journey to the future[J]. Marketing Week，2014：6-6.

[9] Gardiner E，Jackson C J. Personality and learning processes underlying maverickism[J]. Journal of Managerial Psychology，2015.

[10] Jordan R，Fitzsimmons T W，Callan V J. Fear Not Your Mavericks! Their Bounded Non-conformity and Positive Deviance Helps Organizations Drive Change and Innovation[M]// Strategic Responses for a Sustainable Future：New Research in International Management. Emerald Publishing Limited，2021.

[11] Hill K M，Fombelle P W，Sirianni N J. Shopping under the influence of curiosity：How retailers use mystery to drive purchase motivation[J]. Journal of Business Research，2016，69（3）：1028-1034.

[12] Marvin C B，Shohamy D. Curiosity and reward：Valence predicts choice and information

prediction errors enhance learning[J]. Journal of Experimental Psychology：General，
2016，145（3）：266.

[13] Horstmeyer A. The generative role of curiosity in soft skills development for contemporary
VUCA environments[J]. Journal of Organizational Change Management，2020.

[14] Carville J，Begala P. Take it back：Our party，our country，our future[M]. Simon and
Schuster，2006.

[15] Zighan S，Ruel S. SMEs' resilience from continuous improvement lenses[J]. Journal of
Entrepreneurship in Emerging Economies，2021.

第4章 **试错的力量**

摸着石头过河。

——邓小平

🏆 4.1 喷嘴的进化

4.1.1 重复实验，反复试错

乔纳森·巴伦（Jonathan Baron）认为解决问题的本质在于反复实验试错以及对解决方案可能所在方向的洞察力引导。[1] 这一普遍发现得到了在产品和过程开发特定领域解决问题等一系列实证研究的支持。研究表明，通过有意识地实验来进行试错学习是解决问题的一个突出特征，实验也被确定为技术集成和制造等领域学习过程的基础[2]，同时它也是开展创新项目的基础。[3] 这种实验被视为反复生成和测试设计备选方案的循环过程。[4]

联合利华（Unilever）面临一个问题。在英国西北部利物浦附近的联合利华工厂，生产洗衣粉的方法沿用至今：沸腾的化学物质从超高压喷嘴喷出，当压力下降时分解成蒸汽和粉末。蒸汽被吸走后，粉末被收集到一个大桶中，工人们在大桶中加入明胶和其他成分。然后，洗衣粉被包装、打上商标并高价出售。这是一个巨大的商机。它已经成为一个巨大的产业。仅在美国，洗衣粉的销售额每年就达到 30 亿美元。

但联合利华面临的问题是喷嘴会不断被堵住，导致洗衣粉凝结成大大小小的颗粒。这对公司来说是一个很大的问题，不仅设备需要维护从而影响工期，而且产品的质量也会受到影响。他们需要更好的喷嘴，并且需要尽快解决这个问题。因此，公司求助于一个由数学家组成的精英团队。联合利华是一家财力雄厚的公司，有能力聘用最好的人才。他们不是普通的数学家，他们是高压系统、流体力学和化学分析方面的专家。他们专门研究"状态变化"，即物质从一种状态（液体）转变为另一种状态（气体或固体）的过程。这些数学家现在被称为"智能设计师"。当需要解决复杂问题时，无论是商业问题、技术问题还是政治问题，我们都会求助于这些人。这些专家深入研究了状态变化，提出了复杂的公式，并开会进行了多次讨论。经过长时间的努力，他们想出了一种新设计。

可是，新的设计不管用。喷嘴仍然堵塞，洗衣粉颗粒仍然大小不均匀，生产率仍然很低。几乎绝望的联合利华向一个生物学家团队寻求帮助。这些人对流动力学一无所知，但这些人提供了更有价值的东西。他们选取了 10 个喷嘴，对每一个做了微小的修改，并对它们进行了测试。喷嘴有的长，有的短，有的大，有的小，有的里面有凹槽。简而言之，每个喷嘴都在原型上做了很小的改进，大概 1% 或 2%。然后他们对其进行了测试，选择"获胜"的喷嘴，并在此基础上再制作 10 个略有不同的喷嘴，再测试……在重复这一过程 45 次，经历了 449 次"失败"后，他们找到了理想的喷嘴——比原来的喷嘴好很多倍。

从这个故事中，我们可以发现，在解决问题时，除了制定基于大量假设的复杂计划，创新者更需要使用试错的方式进行学习和反馈，以对产品或方法进行不断地调整。[5] 进步的取得并不仅仅建立在精密的计划之上，更是建立在与现实的频繁接触之上。在这个出色的喷嘴背后是 449 次试错的过程。联合利华改进喷嘴的过程显示了测试的力量，而这是组织创新和成长的基本路径。尽管生物学家对状态变化的物理原理一无所知，但他们通过大量的实验，剔除那些不好的，并不断提炼最好的喷嘴，从而创造出了最有效的喷嘴。

生物学家选择此方法并非偶然：这就是自然界进化的方式。进化是基于自然选择的试错机制而来。适应性强的生物生存下来并茁壮成长，它们的后代继承了它们突变的基因。这与为联合利华设计喷嘴的原理是一样的。理查德·道金斯（Richard Dawkins）在他的《盲眼钟表匠》（*The Blind Watchmaker*）一书中对此做了很好的描述。

道金斯让读者想象一只猴子在打字机上打出《哈姆雷特》（*Hamlet*）中的"我认为它像一只黄鼠狼"（methinks it is like a weasel）的情景。猴子打对字母的机会微乎其微。如果打字机上有 27 个字母（空格为一个字母），猴子只能随机输入，那么它打对第一个字母的概率是 1/27，打对第二个字母的概率也是 1/27。所以打对前三个字母的概率是 1/27 的三次方，也就是 1/19 683。一只猴子能把这句话的 28 个字母（含空格）全打对的概率大约是 100 万亿分之一。

其实，我们可以设计一个渐进的选择机制，道金斯为此编写了一个计算机程序。起初，程序完全随机地写出句子，就像猴子一样。但随后电脑会检查这些句子，检测出距离目标最近的句子，然后剔除其余的句子。然后程序在获胜的句子的基础上继续随机排列组合，再根据目标句子检查结果，持续这个过程。只需要 43 次，电脑没花多长时间就打出了正确的句子。

由此可见，累积选择的机制是有效的。也就是说，一个被选择的结果可以传递给下一个，以及下下一个，以此类推。这个过程非常强大，自然界中的这一过程让我们产生了一种"造物幻觉"：地球上的生物看起来好像是由某种更高级智能创造出来的。事实上，它们是随机过程的产物。最终得到的喷嘴形状是如此独特，以至于你可能认为出自一位设计大师的手笔，而生物学家根本没有设计它，他们只是利用了进化的力量。

4.1.2 边想边爬

使用试错法解决问题的实验始于选择或创造一种或多种解决方案,其中可能包括最优的解决方案也可能不包括,正是在这个不确定的过程中,人们根据一系列要求和约束对这些方案进行测试,在逐步迭代和一次又一次地修改、完善中,获得可接受的结果,从而形成解决方案。

实验试错的机制可以用景观思维(landscape thinking)来形象化解释。价值景观可以被想象为一个平坦的平原,其中有一座或多座山丘,整个景观代表了实验者计划搜索的领域,以确定他们对问题可接受的解决方案。当一个人爬上景观中的"山丘"时,找到解决方案的可能性会增加,因此实验者的目标是设计一系列实验,使其能够以有效的方式识别和探索这些山丘。现实世界的实验者在开始工作时可能没有太多关于他们计划探索的价值景观的信息,甚至可能会随着工作的进行而放弃一个景观并转向另一个景观,这使他们不具备结构良好的规范搜索能力。尽管如此,实验者对他们选择的价值景观的期望仍是他们构建有效实验策略的核心。当所有问题的解决方案组合在一起的时候,就构成了"适合度景观"(fitness landscape),可以想象,那些凑合能用,看起来不怎么样的方案对应低矮的山丘,卓越出色的方案则位于群山的顶峰,而不错的方案在它们之间。在图 4-1 中,我们展现了这种适合度景观。

哈佛大学的遗传学家休厄尔·赖特把寻找解决问题方案的过程比作在适合度景观中爬山。虽然常理上,只要我们一直保持上坡,就一定不会错过最高点,但事实是,我们搜索出的象征着解决方案的山峰可能不止一座,这种现象带来了一种致命的问题,那就是当我们爬到了一座不错的方案的"山峰"顶端时,如果想要去更高的"山峰"顶端,并不能实现直接跨越,生物进化和自然选择禁止这个过程,我们必须在此下坡,经历低谷,才有机会攀登下一座高峰。

我们需要在试错之前制订计划,这意味着在实验之前,我们有必要制定关于实验的纲领,通过确定问题可能的答案数量和类型(确定适合度景观的类型),

"因地制宜"，选择不同的实验计划以提高攀登的效率。斯蒂芬·汤姆克（Stefan Thomke）等人的研究表明，我们可以将实验分为三种类型，分别是串行实验、并行实验、矩阵实验。[5] 串行实验主要是针对系列实验而言的，当确定一个问题想获取满意解决方案需涉及不止一次的试错实验时，从先前实验中获得的信息将可能作为下一次实验设计的重要输入这种实验被称为串行实验。如果根据既定计划进行的实验未因其他实验的发现和结果而修改流程，则被认为是并行实验。而矩阵实验则是一类预先计划的"阵列"实验，分析整个阵列的结果，然后进行一个或多个额外的验证实验，初始阵列中的实验被视为并行进行，而第二轮中的实验相对于该初始阵列串联进行。在不同类型的适合度景观中，我们可以采取不同种类的实验，以求最快达到我们想要的结果。

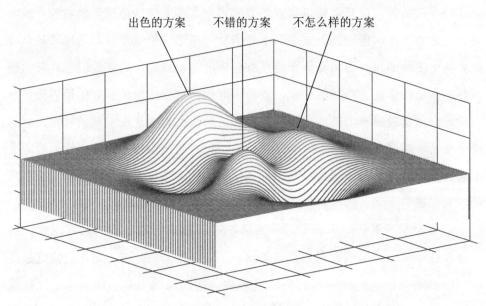

图 4-1　适合度景观

举例来说，当我们想要解决的问题只有一个正确的答案时，实验者根本不知道正确答案离自己有多远，也就是说，这种情况显现了一种价值景观，该景观对于除正确组合之外的所有组织都是平坦的，那么呈现在我们眼前的景观实际就像是一个垂直边的窄塔。在这种地形的适合度景观中，并行实验策略是最快的，尽管不一定是最为有效的选择，这是因为在这种横向配置中，每个失败的实验提供的信息很少，可用于系列实验的策略只有"你刚刚尝试的组合不是正确的组合"的信息。如果时间的价值与实验成本高度相关，则大规模并行实验特别有益。图 4-2 形象地展示了这种策略。

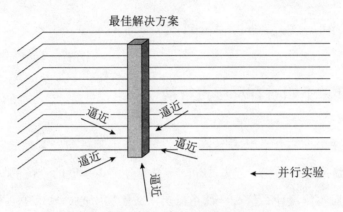

图 4-2　适用于并行实验的适合度景观

现实世界的实验通常涉及并行和串行策略，其中最佳组合由许多因素驱动，例如生成和测试替代方案的成本和时间、解决方案空间的拓扑结构以及实验者的先验知识。想象一下，你正在参加一场竞赛，用最短的时间不借助地图找到地球上最高点的人获胜。在比赛中，你可以任意说出一对坐标，工作人员会告诉你对应坐标的海拔。例如，你说"116.326 759，40.003 304"，工作人员告诉你"海拔 48 米"。接下来，你继续指定坐标重复该过程，直到比赛结束。怎样才能赢得这样一场比赛？如果你从"0.000 001，0.000 001"开始依次尝试所有组合，你获胜的机会几乎为零。随机的方法会增加你获胜的机会。随机选择多对坐标，在比赛结束时，选择所选坐标对应的最大高度。幸运的话，你的答案可能是最高的。这个故事告诉我们快速大量组合实验在一些情况下很有优势，同时，在实验的初期，你选择的范围应该尽可能广，选择较优的一个或几个，再逐步逼近。

事实上，许多公司通过设计复杂的测试，不断证伪自己的假设，并将测试中学到的东西用于指导组织成长，从而将进化的原则应用起来。这种方法是自上向下的推理（数学家的方法）和自下向上的实验证明（生物学家的方法）的结合，能将已有的知识与从测试中发现的新知识结合起来。这告诉我们，既要对自己的想法有信心，又要有开放的心态，不断地测试和提高自己。

4.2 问题越复杂，试错法越高效

4.2.1 不如看看反应再行动

十多年来，西班牙服装零售商 Zara 一直运用测试帮助管理者进行决策，让其顾客满意度保持领先。首先，Zara 不打算预测下季度的最畅销款，事实上，它承认自己对预测没什么信心，而是派员工去购物中心、城市中心等人群密集的地方观察人们的穿着，寻找灵感。然后 Zara 用所有的灵感材料建立一个巨大的风格库，包括各种面料和颜色的集合。此后，Zara 为每个组合生产少量的产品，然后将这些产品送到渠道里销售，直接根据产品的受欢迎程度来做下一步的决策。Zara 的战略非常灵活，可以对来自商店的信息进行快速响应，立即丢弃销售不好的产品，增加销售好的产品产量。

不仅仅是 Zara，畅销书作家蒂莫西·费里斯（Timothy Ferriss）通过测试，为他的处女作选择了书名和封面。为了选择标题，费里斯购买了大约 12 个标题的域名，并在谷歌（Google）上运行关键字广告来测试它们的点击率。当用户在谷歌的搜索引擎中输入与图书内容相关的关键字时，一个带有标题的广告就会弹出，指向一个还不存在的虚拟页面来购买这本书。谷歌自动选择展示给用户的主标题和副标题，并客观地分析它们的受欢迎程度。一周之内，标题"每周工作 4 小时"（*The 4-Hour Workweek*）得到了最多的关注，费里斯把数据交给了他的出版商。为了给这本书选封面，他去了一家书店，从"新书"区拿起一本书，用封面把它包起来，然后坐下来看有多少毫无疑心的顾客把它拿起来。每个版本的封面重复 30 分钟，直到找到一个胜出者。

我们看到，这些行为实际上都是个人和组织所采取的量化－反应策略，这

本质上是一种外部的反馈寻求行为。反馈寻求是个体积极主动地寻求有价值的信息以适应组织和个人发展需要的一种主动性行为。[6] 反馈环境中对反馈寻求的支持，不仅能够解决反馈信息不足或是没有意义的"反馈真空"，而且能够体现外部的支持性。积极地在外部环境中寻找合适的反馈环境有利于个人和组织更好地改进。

反馈寻求行为实施效果的好坏也受到反馈寻求特征本身的影响。苏珊·阿什福德（Susan J. Ashford）和卡明斯（L. L. Cummings）认为反馈寻求行为包含六个重要方面：①反馈寻求效率，即反馈的频繁程度；②反馈寻求方式，即个体采用直接或间接的方式获取反馈信息；③寻求的信息内容，即涉及个人和组织具体哪个方面的信息；④反馈源，反馈主体是上级、同事还是组织外群体；⑤反馈寻求效价，即反馈的正负面属性；⑥反馈寻求时间。[7] 这六个方面的不同任意组合将会带来完全不同的反馈效果和模式，因此针对个人和组织的具体特点选择反馈寻求的方式至关重要。

本质上，这种测试 – 反馈的循环行为是一种基于情境的积极组织行为，它强调主动改变现状而不是被动适应环境，这是个体和组织寻求环境中有价值的信息以实现个体和组织目标的一种手段。[8] 通过进行组织外部的反馈寻求，组织的反馈不再局限于组织内从上到下或从下到上，而是扩展至从内到外和从外到内的 360 度循环过程。支持涉及组织外部的反馈寻求行为以及建设外部反馈环境能够增强反馈信息的双向交流，让我们能够更好地应对高不确定性的环境，并根据反馈进行主动适应、自我调整，甚至可以改变环境，这能极大地提高组织的反应力、敏捷性和制定应急战略的能力。[9]

4.2.2　测试的力量

伊哈卜·汉纳·萨瓦哈（Ihab Hanna Sawalha）观察到，测试可以检查已制订计划的全面性和适用性，以及应对各种灾难和危机的能力。[10] 因为测试针对最小的创新想法或可行政策，并在很大程度上受设计思维的影响。通过快速进行原型设计，再放至现实世界中快速检验以了解想法的实际作用、潜在影响及在多大程度上可以拓展的好处在于可以直接实施想法并且快速产生结果。[11] 同样，测试可以通过不同的方式进行。在互联网时代，测试带来的力量更为明显。因为在网络世界中，低开发成本、大量用户和快速反馈循环的结合使得人们能够测试各种事物并基于结果做出选择。

在 2009 年推出新主页之前，雅虎（Yahoo）花了数月时间对其设计的每一个元素进行"水桶测试"（bucket testing）。大约有 1 亿人使用雅虎作为他们的主页，这给雅虎带来了很大的流量。因此，在整个新主页的设计过程中，每次设计团队提出一个新的设计元素时，都会有一小部分随机选择的用户浏览包含该元素的主页版本。然后，主页设计团队根据用户反馈结果（例如，在页面上花费的时间和点击量）来评估这个元素。这样一来，雅虎就可以根据用户的真实数据，实时看到哪些设计元素正在发挥作用。

如今，水桶测试已成为常规。谷歌、雅虎、微软和其他互联网公司使用它来优化广告、内容选择、搜索结果、推荐、定价，甚至页面布局。越来越多的公司还为广告商提供一种自动化服务：根据点击率对大量广告进行分类，以找到表现最佳的广告。美国有线电视网布拉沃（Bravo）定期从现有的电视节目中推出新的真人秀节目，追踪不同节目中角色的网络人气。这些节目可以以相对较低的成本快速制作和播出，如果它们不受欢迎，电视台可以很快退出。芝士汉堡网（Cheezburger Network）由近 50 个网站组成，每天有数十名用户分享有趣的图片或视频，一旦发现新趋势，芝士汉堡网会在一周内迅速关闭不受欢迎的网站。"嗡嗡喂"（BuzzFeed）是一个美国的新闻聚合网，网站会追踪数百个潜在的热门话题，但只推送那些已经引起用户热烈反响的话题。

测试是组织有效的应急战略，它能减少对长期战略趋势预测的依赖，而注重对实际变化的快速反应。与其试图正确预测出未来的趋势，不如相信测试的力量，并在这个过程中不断提高自己对当前状况的理解能力。

在互联网和个人计算机尚未出现之前，测试的力量也不容小觑。IBM 以其大型计算机和打字机而闻名。几十年前，打字是只有少数人擅长的事情，比如秘书、作家和一些计算机程序员。大多数人打字很慢，所以许多公司严重依赖专业打字员，雇用这些人可能很昂贵。当时 IBM 思考，可以利用其在计算机技术和打字机市场的领导地位来开发语音转文本技术。这项技术可以让人们对着麦克风说话，并看到他们的指令神奇地出现在屏幕上。IBM 的野心是通过减少对专业打字员的需求并最终取代他们来赚钱，但前提是 IBM 能够成功地开发这项技术，并且目标用户愿意使用它。

大多数人应该会非常喜欢这个想法。许多人想使用电脑，但不想学打字。但在投入长达十年的时间和数十亿美元的研发资金之前，IBM 希望确保其目标市场有真正的需求。最好的方法是让他们使用该技术的原型版本，但这带来了一个巨大的问题。在那个年代，计算机的功能还不太强大，价格也更高，语音转换文本的功能需要大量的计算能力，这已经超过了当时计算机的能力。此外，即使有足够的处理能力，准确的语音转文本翻译也是一个令人生畏的计算机科学问题。换句话说，IBM 距离制造出像样的原型机还差得远，而且，它需要一些东西来测试关于其目标市场的一个关键假设。

IBM 的研究人员想出了一个绝妙的解决方案。他们制作了一个模拟工作站，有一个机箱、一个显示器和一个麦克风，但没有键盘。他们告诉几个潜在的客户，IBM 有一个革命性的语音文本转换计算机原型。随后，IBM 邀请他们使用新发明。人们满怀疑虑而又激动地拿起麦克风说："亲爱的波特先生，非常荣幸回复您的来信……"仅仅几秒钟的延迟之后，这封信的文字就出现在了显示器上。

所有用户都很震惊，他们无法相信这一切，但这的确发生了。其实，IBM 并没有设计出语音转文本的机器，甚至连一个原型机也没有做出来，但这确实是一个非常聪明的实验。房间里的机箱实际上是一个木偶。在隔壁的房间里，一位熟练的打字员通过麦克风听用户的指令，然后用键盘把单词输入电脑，这仍然是老办法。打字员在键盘上输入的内容出现在用户的屏幕上，让用户相信这是语音转文本机器的输出。

IBM 从这次实验中学到了很多。大多数人最初都对这种"技术"印象深刻，相信自己会购买并使用配置语音转文本功能的计算机，但在使用该系统几个小时后，他们改变了主意。即使有人类打字员模拟的快速的、近乎完美的结果，用语音在计算机中输入多行文本还是有问题的。例如，一个人的喉咙在仅仅几小时后就开始疼痛。此外，如果工作环境嘈杂，这一技术并不适合输入机密的信息。

我们发现通过测试，人们衡量世界的能力越来越强，而这将改变传统的管理思维方式。与其试图预测人们的反应，并试图引导消费者对广告、产品或政策的反应，不如直接测量他们对各种情况可能做出的反馈和反应。换句话说，从"预测和控制"到"测量和反应"的转变不仅是技术上的变化，也是心理上的变化。只有当我们承认人类预测未来的能力是不可靠的，我们才能打开探索未来的大门。

4.2.3　辩证看待测试

辩证地看待测试，首先要求我们能够承认测试的客观结果，同时还能够看到测试背后的局限性，思考测试结果背后的真正作用因素是什么。沃顿商学院和哈佛商学院的教授们调查了 32 家领先的零售公司，发现 78% 的公司在推出新产品之前会进行测试，却不愿意尊重结果。这些公司认为，尽管测试结果不佳，但他们的产品仍会销售良好，并将其归因于"糟糕的天气、糟糕的地点选择、糟糕的测试以及其他导致销售不佳的因素"。也就是说，组织强迫测试结果匹配他们的期望，而不是调整他们的期望来匹配测试结果。

在设计良好的测试中，结果不是预先确定的，需要我们愿意承认失败。测试必须向前发展以暴露不确定性，而不是向后发展以印证预先的概念或想法。费曼说过："如果预期与实验结果不一致，那它就是错误的。"这句话简单地表达了科学的奥秘。不管你的猜测有多完美多聪明，无论是谁做出的预测，如果与实验结果不相符，那就是错的。

自欺欺人只是问题的一部分。另一部分是测试条件和现实之间的脱节。焦点小组和测试对象经常被置于人工条件下，并被要求回答他们在现实生活中永远不会接触到的问题。因此，这些"实验"产生的完美修饰过的结论是完全错误的。在适当的测试中，目标不是找到一切正常的地方，而是找到一切可能出错的地方。

测试不能发生在实验室里，而应发生在现实中。一只饥饿的老鼠穿过心理学家称之为"T 迷宫"的东西，它可以向左或向右移动。如果往左，它会有80% 的概率得到食物；如果向右，它只有 20% 的概率得到食物。它找到的食物通常很少，所以它在迷宫里跑来跑去。老鼠会倾向于往哪个方向移动？

正如人们所料，在各种实验条件下，老鼠大部分时间都向左拐。但有时它们会向右移动，即使这不是最好的选择，这个问题困扰了很多研究人员。根据最大化原则，老鼠应该总是向左走，因为它有 80% 的概率得到食物。也许老鼠会有 80% 的时间向左，20% 的时间向右。这种行为被称为概率匹配，因为它反映了 80/20 规则。然而，结果显示，它们实际上得到的食物远远少于预期的 68%。老鼠的行为似乎是非理性的。这只可怜动物的大脑进化失败了吗？还是说老鼠天生就很笨？

如果我们在自然环境中研究老鼠，我们就可以了解它们的行为。在觅食的自然条件下，老鼠必须与其他老鼠和动物竞争以获得食物。如果所有的老鼠都跑到食物最多的一边，那么每只老鼠只能得到很少的食物。有时候选择次优的路径，竞争少了，就能得到更多的食物，这就是自然选择。因此，老鼠似乎选择了一种在竞争环境下有效的策略，但在目前的实验环境中无法观察到，因为个体是被孤立的。我们应该注意到，无论采取怎样的测试手段，仿真或是模拟，都不可能考虑到现实情况下的所有影响因素，这就是理论与现实之间脱节、存在间隙的地方。我们正处于一个 VUCA 环境中，这要求个人和组织不仅能够看到测试得到的客观结果，还能建立对环境有效情境的理解能力，这样才能像实验中的老鼠一样真正在现实世界的竞争中存活下来。

同样，基于假设的测试失败也并不意味着真的就会失败，因为受试者并不处于真实有效的情景环境中。作为现代人类历史上最赚钱的消费产品之一，

iPhone 在发布前的消费者调查中失败了。当消费者被问及是否愿意"拥有一台便携式设备"来满足所有需求时，只有大约 30% 的美国人、日本人和德国人表示愿意。他们似乎更有可能随身携带手机、相机和音乐播放器，而不是携带同时具有三者功能的设备。微软（Microsoft）前首席执行官史蒂夫·鲍尔默（Steve Ballmer）也表示赞同："iPhone 不会获得太多市场份额。"作家德里克·汤普森表示，消费者调查准确地反映出，参与者对他们从未见过，也不了解的产品漠不关心。以一种假设的方式思考 iPhone 和亲眼看到它是一种非常不同的体验。在市场调研中，公司管理者经常会问顾客一个问题：你愿意为这个包付多少钱？想想看这有什么意义？顾客可能会回答说他们愿意以假设的价格买一双假设的鞋子。但如果你真的让他们把手伸进钱包，拿出他们辛苦挣来的钱，递给收银员，那就是另一回事了。

另外，"最后一块拼图"往往被忽略：如果测试仪器本身有缺陷，测试计划再完美，也可能会得出完全不正确的结果。脸书（Facebook）网站最初是在 2006 年设计的，当时脸书的产品设计副总裁朱莉·卓（Julie Zhuo）说，它的页面"充斥着太多的文本"。随着照相手机的兴起，该公司希望创造更多的视觉体验，经过 6 个月的工作，脸书团队创建了一个现代且前沿的网站。他们对新网站进行了内部测试，效果很好。然后新网站启动了，他们期待的赞美并没有如期而至。关键指标表明重新设计的网站是失败的，朱莉说："越来越少的人使用脸书，越来越少的人发表评论和与他人互动。"

脸书团队花了数月的实地调查才发现问题所在。该团队在脸书办公室使用的高性能电脑上测试了这个新网站，但绝大多数脸书用户几乎无法使用最先进的电脑。他们用旧电脑根本不支持新网站的精美图像正常展示。因此，脸书团队改变了其测试设备，使用低端设备而不是高科技设备，之后才重新创建了一个消费者可以沉浸其中的网站。

🏆 4.3 制导导弹模型

4.3.1 平衡计划与变化

亨利商学院（Henley Business School）教授戴维·莱恩（David Lane）提出了一个出色的比喻。今天企业的很多问题在于，它们的管理层倾向于遵循"弹道模型"来获得成功，也就是说，一旦你确定了一个目标，例如建立一家新商店，设计一个新产品，或者改变一个流程管理，你就需要设计一个聪明的战略来击中靶心。你制造出完美的步枪，并建立一个模型来测量风速和重力对子弹的影响。你试图预测一切，确保战略万无一失。然后，你调整枪口的角度，扣动扳机，看着子弹朝靶子飞去。然而，大多数现实情况是，当你选好目标，再制造好手枪，所有准备工作都做好，只待击中靶心时，你发现子弹已经无法击中靶心或者靶心已经不在了。"弹道模型"存在两个问题。首先，现实世界不仅仅存在风和重力。情况复杂得多，变量和相互作用几乎无穷无尽。例如，有人曾提出一项政策，通过减少香烟中的焦油和尼古丁水平来减少吸烟的危害。这在理论上听起来不错，如果有一个聪明的营销计划配合就更好了。这似乎是一个设计完美的弹道战略，以达到公共卫生的重要目标。但在实施时这一政策完全失败了。吸烟者通过抽更多的烟来补偿焦油和尼古丁含量降低产生的不舒服，从而吸得更深更久，吸入了更多的致癌物和一氧化碳。这就是我们经常遇到的由人组成的系统会出现的问题：总会有意想不到的结果。第二个问题更严重：当你制作好步枪，在你可以开火之前，靶子已经不在原来的位置了。这是一个不断变化的世界。想想有多少产品在进入市场之前就已经过时了，变化的步伐只会越来越快。现实就是，我们计划的速度永远跟不上变化的步伐。很多组织的变革以仔细的计划和极大的热情开始，随着时间的推移，却逐渐失去了影响力。而有些变革开始时很好，后来却莫名其妙地停止了，在明显脱轨之后又回到了正轨 [12]，计划中的变革似乎总是有意外的后果。相关的研究也有两种截然不同的观点，一种明确关注有计划的变革，这些学者认为变革是通过预先计划的步骤从一种"固定状态"转移到另一种状态；另一种则强调关于应急变革的重要性，主张组织变革是一个紧急的过程，并认为变革是连续的、不可预测的。卡尔·维克（Karl Weick）认为突发变化包括持续的适应和改变，这些改变在没有先验意图的情况下产生了基本的变化[13]，变革不应被视为在给定时间内的一系列有计划的线性事件，相反，它最好被视为一个持续的、开放式的适应不断变化的环境和条件的过程。随着研究的发展，这种对立的二元观逐渐被两者的关系和融合研究所替代。[14] 有计划的变革帮助组织引入了一种正式程序，使组织能够有效关注目标与现实的差距，从而在持续的对比中努力，而应急变革强调外部和内部环境的不确定性使正式程序不再高效，为了应对这种复杂性和不确定性，组织需要成为开放的学习系统，以此来获取、解释、处理环境信息。成功的变革与其说取决于详细的计划和预测，不如说取决于对有关问题的复杂性的理解，以及如何确定现有选择的范围。托尼姆（Rune Todnem By）认为，组织变革的应急方法更关注变革准备和变革促进，而不是特定变革项目和倡议的具体预先计划步骤。[15] 无可否认，这两种关于变革的认知是有局限的、冲突的，现在的研究普遍认为，组织变革是计划与应急变革的结合。

4.3.2 学会连接

那我们要怎么做呢？一个有效的方法就是"连接"[16]——寻找方法去拥抱、汲取能量，并给予两种观点以平等的发言权。莱恩教授提出了一种非常新颖的、生动形象的模型：制导导弹模型。当然，你需要设计一支步枪来瞄准目标，需要建立一个模型来衡量已知因素的影响，比如风速和重力。但扣动扳机后发生的事情也非常关键。一旦子弹离开枪进入现实世界，你就会发现你的计划存在漏洞。你会发现风速比你预期的要快，而且下起了雨，当然还有很多其他未知变量的相互作用，而所有这些你都无法提前预测。关键是调整子弹的飞行路径，将新的信息整合到现有的计划中来。成功不仅在于事前的计划，更在于事后的调整。你对目标偏离的意识越强,你就越能调整子弹的轨迹,使它回到正确的轨道上。当然,这就是"自上向下"和"自下向上"方法需要平衡的地方。

如果最初的计划毫无希望,子弹离开枪口就掉到地上,那么再好的调整也无济于事。同样地,如果你只是依赖于一个计划,不管这个计划有多周密,最终都将一无所获。只有在计划和调整之间取得平衡,才能达到目标。在今天的时代,成功不仅仅来自于智力和才能,当然这些很重要的,但永远不能取代另一个重要因素:发现问题并加以改进。伟大的英国经济学家约翰·凯恩斯(John Keynes)曾说过:"如果信息发生变化,我就会修正我的结论。请问,您会怎么做呢?"

🏆 4.4 学习型失败

对于许多人来说,提到失败一词,就像是一个令人恐惧的梦魇,甚至可能会给我们带来情绪上的毁灭性打击,从失败中学习绝非易事,但我们仍然需要这样做,因为失败中蕴含着大量比成功更具价值的信息[17],并被视为重要的"学习之旅"。[18]

4.4.1 允许失败,积极失败

当有人询问美国女性内衣品牌斯潘克斯(Spanx)创始人萨拉·布莱克利(Sara Blakely),她是如何从一个传真机销售员变成亿万富翁时,她的回答和小时候父亲每周在餐桌上问她和她哥哥的问题一样:"这周你有什么失败?"如果他们回答"不",父亲会显得很失望,因为他认为不去尝试比失败更令人遗憾。萨拉在很小的时候就在父亲的帮助下克服了对失败的恐惧,一次又一次地让自己面对失败。对失败越熟悉,就越能在失败到来时从容应对。例如,网飞开发了"混沌猴子"(Chaos Monkey),它可以意外地攻击网飞的系统,导致其崩溃。这将使公司更好地处理网飞复杂系统的故障，并使员工在维护系统的方式和手段上积极创新，从而在面对意外时更具韧性和灵活性。自生危机所涉及威胁的潜在性质为组织提供了灵活而不是僵硬应对的机会。潜在威胁会产生功能性的恐惧、焦虑、唤醒和压力，这可能会激发组织适应以及涉及学习和更新的长期变化。我们能够看到成功的个人和组织往往创造失败、鼓励失败而不是回避失败，同时更加强调失败学习氛围的塑造。

失败是学习的必要先决条件，因为它激发了基本的组织实验。危机在促进特定学习成果的程度上对组织是有益的。首先，失败会引起人们对以前未被充分认识的问题的关注。其次，失败通过对特定类型的问题给出明确的定义来促进识别和解释的容易性。它会刺激"组织反应库的增加"。最后，组织失败会促进实验和实践，从而形成系统性的"更加灵活、适应性更强的方向"。[19] 作为关键事件和失败的危机代表了在更成熟的学习程序和结构之外学习的重要机会。

组织层面内众多因素可以帮助组织形成一种有利于在失败中学习的环境和氛围，例如组织具备领导包容性、高质量的成员间关系、团队信任、失败正常化认知等。正是这种有利于在失败中学习的氛围，让成员们在心理上觉得安全，无后顾之忧，从而不惧怕失败，并能更好地从失败经验中学习。[20]

如果能够正确地从失败中学习，那么将会给个人和组织带来一系列正向效应。这些正向效应主要集中在两个方面。一是促进改进绩效和创新，失败学习机制促使我们对失败经验和知识进行分析、总结和改进，利用失败的机会进行改革，优化创新机制，从而促进创新的成功。[21, 22] 二是提高适应力和问题处理效率。在经历失败学习之后，组织能够更快地响应问题，更快地做出反应，以适应动态环境的变化，避免类似失败，更好地应对危机与挑战。[23]

为了积极应对失败，组织甚至会人为创造失败。因为通过人为创造失败的方式，管理者专注于预期的、内部的危机，以更好地应对未来那些外部的、意料之外的真实危机，这是组织建立的一种自生危机模式。自生危机模式的原理在于潜在威胁能够给组织带来灵活性，形成一种更有机的组织形式。高层管理者可能会通过自生危机引导进行激进的组织变革，从而增进沟通，在组织范围内进行夸大搜索和知识创造活动，以权力下放的模式，促进更高水平非正式问题的解决和决策制定。在图 4-3 中，我们展示了组织是如何在自生危机的作用模式下，由面对威胁与危机的反应刚性过渡到反应灵活性的。经历过自生危机的组织，它们所应对的威胁的潜在性质为组织提供了灵活而不是僵硬地应对危机的机会。也就是说，我们强烈建议高层管理人员对潜在威胁进行预先的适应性呼吁，主动产生失败，去持续性"解冻"组织的系统，进行认知重组和重新冻结。我们能够发现，在自生危机下，组织的完整变化周期同样涉及组织忘却、学习和重新学习，这些共同促进了组织的更新。自生危机让组织的更新过程变为自动化，从而促进了组织生命周期的延长。

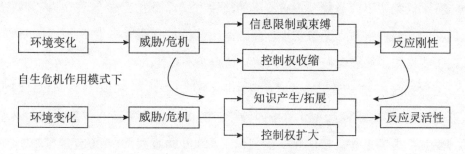

图 4-3　自生危机模式作用下组织应对威胁的变化 [24]

4.4.2　快速失败，经常失败

在《艺术与恐惧》（*Art and Fear*）一书中，大卫·贝勒斯（David Bayles）和泰德·奥兰德（Ted Orland）讲述了一位陶艺老师的故事，在开始上课时老师将学生分成了两组。对于其中一组学生，老师会根据重量给他们打分。老师告诉他们，在期末考试时，他会称量学生们做的罐子。如果重量超过 22 公斤，会得到 A，如果重量超过 18 公斤，会得到 B，以此类推。对于另一组学生，老师根据质量给他们评分。他们所要做的就是交出一个完美的罐子。结果是惊人的：质量最好的罐子是重量组学生的成果。贝勒斯和奥兰德写道："当重量组团队忙于生产陶罐并从错误中吸取教训时，质量组团队则坐在那里，思考如何制作出完美的作品。最终，质量团队除了大创意和一摊烂泥什么都没有。"

伟大的人并不总是正确的。像莫扎特和贝多芬这样的作曲家，我们早已忘记了他们三分之二的作品。诗人威斯坦·休·奥登（Wystan Hugh Auden）曾经说过："在他们的一生中，著名诗人创作的糟糕诗歌远远多于不那么出名的诗人。"迪安·基斯·西蒙顿（Dean Keith Simonton）提出：成功的概率是恒定的。他为此想出了一个有趣的术语——"恒定的失败概率"。你淘出的沙子越多，淘出的无用石头就越多。正如艾萨克·阿西莫夫（Isaac Asimov）所说："每一个好的想法背后，都有成千上万个愚蠢的想法。"当然，恒定的失败概率也意味着你淘出的沙子越多，你淘出的金子就越多。

有时候犯错不仅是找到正确答案的最快方式，而且是唯一方式。因为数量是创新的来源，很多人无法实现创新，是因为他们只愿意产生一些想法，然后执迷于将这些想法练就得完美，当然，这根本不可能。

当你沉浸在莎士比亚的经典作品中时，请记住，在 20 年的时间里，莎士比亚创作了 37 部戏剧和 154 首十四行诗，其中大多数都没有得到认可，甚至没有受到严厉的批评。毕加索一生创作了 1 800 幅版画、1 200 件雕塑、2 800 件陶器和 12 000 幅画作，但其中只有一小部分广为人知。当你想到爱因斯坦的时候，狭义相对论和广义相对论会立刻浮现在脑海中，它们改变了世界。事实上，爱因斯坦发表了数百篇论文和其他各种出版物，但只有少数真正产生了重大影响。发明者弗里曼·戴森（Freeman Dyson）花了 15 年时间制造了 5 126 个原型机，然后革命性的无袋真空吸尘器才问世。亚当·格兰特（Adam Grant）在《离经叛道》（*Originals*）中写道："说到创意的产生，数量是最可靠的质量预测器。"皮克斯动画工作室（Pixar Animation Studio）前 CEO 埃德·卡特穆尔（Ed Catmull）曾经说："皮克斯故事中的每个角色都始于一个丑娃娃。"如果创作过程中没有产生数百个糟糕的想法，最终就不会有"巴斯光年"这样的好角色。

4.4.3 拥抱失败，就是拥抱成功

贝尔实验室（Bell Laboratory）的首席架构师梅尔文·凯利（Mervin Kelly）认为，开发人员如果没有自主失败的能力，贝尔实验室的科学家们就永远不会发现晶体管。贝尔实验室允许工程师在走进一个死胡同时，还能再次返回。领英（LinkedIn）联合创始人、硅谷最有名的天使投资者之一里德·霍夫曼（Reid Hoffman）说："为了能快速行动，我预计你会犯一些错误。我可以接受 10% ～ 20% 的错误率，如果你能够快速行动的话。"他还说："如果你没有为你第一次发布的产品感到尴尬，那说明你发布得太晚了。"而传统管理思维要求企业花很多钱来防止错误和失败，这实际是一种浪费。事实上，我们需要管理错误以最小化它们的负面影响和最大化它们的积极影响。毕竟，失败是不可避免的，但失败可以带来意想不到的发现。特氟龙、青霉素、硫化橡胶都是很好的例子。爱尔兰剧作家乔治·萧伯纳（George Bernard）说："不停犯错的人生比碌碌无为的人生更加可贵，而且更加有益。"

埃隆·马斯克（Elon Musk）打趣说，NASA 不允许失败的文化很愚蠢，因为如果你没有搞砸过，说明你不够创新。要探索未知领域，我们必须与失败一同前行。《茁壮成长》（*Thrive*）的作者阿里安娜·赫芬顿（Arianna Huffington）曾说："无论多努力，人都会有决策失误的时候。但失败和成功不是对立的，失败是成功的一部分。"

福泰制药公司（Vertex Pharmaceuticals）提供了一个积极拥抱失败的经典例子。20 世纪 90 年代，药品的研发支出增加了两倍，而同期美国食品药品监督管理局批准的药物数量减少了一半，使得制药公司不得不与未获批准的新药和高昂的研发成本作斗争。这对制药行业是致命的打击，许多公司由于无法承受新药开发的巨额成本，不得不放弃新药的开发。

福泰制药采取了一种完全不同的战略，那就是加大其失败次数。前面提到的"恒定的失败概率"表明，一个研发人员能够测试的药物分子组合越多，产生一种好的药物的可能性就越大。福泰制药利用计算机的处理能力，引入随机

的方法，组合不同药物分子，然后通过大量的测试选择，识别并剔除无效的组合，再由计算机科学家、生物学家、化学家、医学专家和制造商组成的团队进行评估，最终确定了有前景的新药配方。该公司每天生产出数千种潜在的药物组合，然后像淘沙一样，淘汰大部分药物分子组合，选出最有可能获得批准的药物。绝大多数配方都不能走到最后，但通过快速测试尽可能多的组合，消除失败的方案，福泰制药开发成功药物的可能性大大提高。

喜达屋酒店（Starwood Holding Corporation）采取了类似的方法，经常将其 W 酒店品牌作为测试创新想法的实验室。如果在 W 酒店进行小规模的尝试是可行的，喜达屋会将其推广到其他酒店，比如喜来登。如果实验证明不可行，公司可立即止损。谷歌将失败常态化，每年终止数百个项目。谷歌公司的高管们对此并不担心："我们追逐高风险项目，所以我们知道大多数项目最终都失败了。当项目失败时，我们并不感到意外，也不会责怪任何人。"这是允许组织在相对安全且可控的环境中实践失败的一种聪明的方法。

4.4.4　保持谦逊，成败并非对立

比尔·盖茨（Bill Gates）说，成功是一个"糟糕的老师"，它破坏了表象与现实之间的关系，隐藏了可能酿成大灾难的小错误。每次成功来临，我们都相信一切都在按计划进行，从而忽略了警告信号，放弃了改变的渴望。每一次成功，我们都会变得更加自信，更加确信自己不会失败。然而，事情进展顺利并不意味着一切顺利。当我们认为自己成功的时候，就是我们停止学习和成长的时候，我们一厢情愿地认为过去的成功可以确保一个安全的未来。所以，克服成功比克服失败更困难。正如迈克·泰森（Mike Tyson）所说："如果你不保持谦逊，生活就会让你谦逊。"我们需要把成功看作特洛伊木马，是看似友好的希腊人送给我们的巨大而美丽的危险礼物，在匆忙欢庆之前，保持谦逊，把我们的工作和我们自己视为未完成的工作。

过去的成功会滋生对现有流程、资源、专业知识、惯例和行动方针的过度

自信，在组织中创造一种允许过时的条件和环境，减少产生任何改变的机会，从而导致组织衰落和失败。[25] 出现这一现象的原因在于，过去的成功可以提高高管意见和可信度的感知价值，给他们一种错误的安全感，这为面对竞争格局变化创造了过度自信和不专心的条件，使他们对失败即将到来的预警信号视而不见。一旦组织成功，它们的自然趋势就是利用过去有效的策略。[26]

在经历成功时，我们应该保持警惕，确认自己是否掉入过度自信的陷阱当中。过度自信会导致决策者忽视那些可能存在错误的新信息和反馈，这种忽视造成的后果将是灾难性的，尤其对于组织来说更是这样。一般来说，领导者往往比普通员工更容易产生过度自信，他们坚信他们的信息或估计相对于现实更准确，因为他们认为自己拥有比平均水平更高的能力，然而事实并非总是如此。[27] 另外，不确定性也会助长过度自信，因为决策者误解了他们面临的风险，同时也为自由裁量权提供了更多空间。[28] 我们建议，组织在经历成功或是面临重大变革与不确定性时，领导者和管理者应该保持谦逊和开放的心态去倾听其他声音。研究表明，谦逊的人往往具有高度的自我意识，他们了解自己和他人的优点和缺点，知道自己和其他人应该在哪里做出贡献，以及在哪些方面最好让其他人的声音被听到。[29]

有趣的是，我们还注意到，谦逊与能力往往是并存的，这意味着只有具备高水平能力的个体才会被描述为谦逊。[30] 谦逊让我们拥抱挑战，同时诚实地对待自己和他人。

谦逊的实践为"不知道"创造空间，打开了个人寻求新的信息和寻找不同方式看待问题的可能性。[31] 具体来说，谦逊的领导者和管理者为组织成员能力的发展提供了平台，提高了成员的参与感，形成了良好的关系，从而有机会为组织带来更多的外部资源，反过来促进组织的变革、进步与成长。同时，谦逊还促进了组织内知识和信息的自由流动，以及对学习的开放态度，这也能够帮助决策者在做出决策时充分利用组织的知识基础。[32] 然而，它却很少会是我们寻找组织成功源头的主角，也正因如此，谦逊往往成为被忽视的"沉默的美德"。[33] 在图 4-4 中，我们展示了谦逊可能为组织带来的积极效应。其中，我们想要强调的是谦逊所带来的探究的态度。这意味着保持开放的心态，拥抱别人拥有而自己没能拥有的想法、信息和观点的可能性，这也有利于促进组织内的非凡合作与平等包容氛围的形成。当然，这非常困难，特别是对于高能力水平的领导者来说。即使是最优秀的领导者，他们能力的增长也因此而常常受到限制。保持谦逊能让个人接受自己能力的极限并寻求帮助[34]，也让领导者和组织成员能有机会更深入地探寻，反思成功和失败背后的作用因素，抓取有效的关键信息和行为，让失败成为成功的机会。

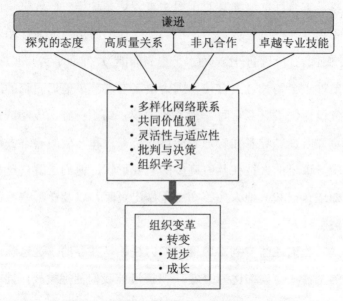

图 4-4　谦逊为组织带来的积极效应 [31]

　　值得一提的是，成功和失败并不是二元对立的，组织也不存在于二元对立的商业世界中。成功与失败的界限往往很模糊。在一种情况下失败的决定会在另一种情况下成功。正如 DNA 双螺旋结构的发现者之一詹姆斯·沃森（James Watson）所说："失败凌驾于伟大之上。"仅仅问为什么失败是不够的，你必须问："我们在失败中做对了什么？"换句话说，我们应该关注投入而不是产出。

　　当我们能够理性地反思失败的过程时，我们会发现失败提供了一个路线图。它显示了为什么之前学到的反应和习惯的行为方式是无效的。在这样一种路线图的指引之下，个人和组织可以主动搜索信息并寻求有关失败经历的反馈。[35]
然后，在这些信息和反馈的帮助之下，可以尝试新的做法和处理方式。增加了
决策的差异，就像是树干新长出枝丫一样，由搜索问题的模式转换为探索模式。
在探索模式中，个人和组织可以加深对问题本质和问题所在环境的理解，结果
就是，个人和组织收获了关于环境中新变量的知识，并深刻认识到新旧结构之
间的因果关系。利用先前的失败查明失败的原因和方式，发现以前无法预测的
不确定性，从而减少不确定性、增加多样性，在寻找新机会路径的过程中扩大
个人和组织的知识积累，提高成功的概率。

　　这就是亚马逊所做的，对任何失败项目的评估都不局限于输出，而是强调
输入。当项目失败时，团队会反思有什么是正确的。例如，是否有一个清晰而
明智的想法？是否有可行的实施方案？是否建立了一个优秀的团队？是否有技
术创新？是否达到质量标准？即使项目失败，有效的输入仍然可以在未来应用。
在亚马逊，如果失败项目的输入是高质量的，团队不会受到惩罚。相反，他们
会得到奖励和晋升。例如，亚马逊在"火机"（Fire Phone）智能手机项目失
败后吸取教训，将相关技术和知识应用到其他产品和服务中，虽然这款失败的
手机损失了 1.7 亿美元。贝佐斯在 2015 年的股东信中写道："如果有 10% 的
机会获得 100 倍的回报，你应该每次都赌上。"虽然失败很容易，但几次大的
成功可以弥补许多次失败。长期视野，耐得住孤独，不断改进投入，鼓励员工
勇于冒险创新，才能取得非凡成就。

　　谷歌的智能眼镜产品（Glass）得到的是广泛的嘲笑和批评。谁会购买和佩
戴这样的产品？当眼镜进入消费市场时，谷歌立刻意识到眼镜根本不是一种消
费产品。谷歌很快从那次失败中吸取教训，对谷歌眼镜进行了改造，并将其销
售给企业客户。今天，你可以看到许多员工在工作中戴着眼镜，例如波音公司
的工程师戴着眼镜开发和制造飞机，医生戴着眼镜阅读医疗记录或进行研究。
这实在太酷了！这应验了塞缪尔·贝克特（Samuel Beckett）曾在诗中写道的：
"失败更好。"

🏆 4.5 试错，为失败而生

让我们为失败欢呼

如今，越来越多与失败相关的活动正受到关注和欢迎，比如墨西哥的"搞砸之夜"（Screw up Night），鼓励企业家分享他们的失败，并庆祝从失败中吸取教训。"搞砸之夜"迅速蔓延到 80 个国家和地区的 200 多个城市。与此类似的还有"失败者大会"（FailCon），它让我们欣赏和承认失败的价值。在过去，许多国家的破产法对失败的企业家进行了严厉的惩罚，使他们终生陷入经济困境。但是今天越来越多的更宽松的破产法出台，旨在保护破产的企业家，允许他们保留一部分资产以供他们生存，比如美国得克萨斯州的"豪宅豁免"。我们可以察觉到一个重要的转变，过去惩罚性破产法将失败定义为企业家的耻辱和无能。但是，针对创业公司的大量研究发现，商业上的成功往往是运气的问题。梅根·麦卡德尔（Megan McArdle）认为，即使一个企业家有一个成功的创业公司，他下一次创业成功的机会也不到三分之一，即使是最优秀、最聪明的人也一样。

人们倾向于认为，伟大的企业家看到了完美的未来，并把它"钉"在他们的第一个商业计划中。事实远非如此。当亚马逊在 1994 年成立时，它还不怎么为人所知。从那时起，它的商业模式经历了戏剧性的演变。亚马逊首次尝试为第三方卖家创建一个市场，但以失败告终。贝佐斯回忆说："有七个人来过，包括我的父母和兄弟姐妹。"第二次尝试是一个名为 zShops 的拍卖网站，也失败了。直到该公司开始让第三方零售商在亚马逊网站上竞争，才开始累积顾客。同样，在谷歌成立之初，拉里·佩奇（Larry Page）和谢尔盖·布林（Sergey Brin）以及他们的投资者都不确定该采用什么样的商业模式。谷歌在经历了大量的试验和大量的失败之后，才慢慢地发展起来。戴森称自己过着"失败的生活"。耐克创始人奈特在他的回忆录中说，创办这家鞋类公司就是为了迅速倒闭，这样他就可以为下一次创业积累经验。

我们总是认为失败是有尽头的。我们一次又一次地失败，直到成功。但是，失败就像一个 bug，不会离开我们的系统，直到成功到来。失败是人生的英雄，如果我们不养成经常失败的习惯，灾难就会降临。航空业是我们可以认真学习的对象。飞行员对自己的失误开诚布公，对事故的调查是由一个专业、独立的组织进行的。失败不是对任何飞行员提起诉讼的理由，而是提供给所有飞行员、航空公司和管理人员的宝贵学习机会。如今杰出的航空安全记录建立在失败的灰烬之上。研究表明，员工缺乏从工作失败中学习的习惯会阻碍员工进步和知识管理，并最终阻碍组织的发展。工作中遭遇的失败对组织发展至关重要，它们可以被视为解决问题期间的实验，其特点在于不仅解决问题，还能采取措施找到解决问题的根本原因。通过反思失败的经历，公开讨论问题的原因并改变行为以消除原因，能够使组织获取洞察力以避免类似的失败。[36] 培养"进行实验"的组织文化可以帮助员工学会不将失败视为代价高昂的错误，而是视为学习机会。

失败是不可避免的，因为世界太复杂了。但在面对失败时，大多数组织都患上了集体失忆症。因为组织内部的激励系统总是明确或含蓄地告诉员工，如果你成功了，通常是实现一些可衡量的指标，如销售额等，你将获得奖金或晋升。如果你失败了，你将付出沉重的代价，甚至被解雇。这样的系统只会奖励平庸的成就，惩罚杰出的失败。因为员工害怕失败，更不愿意与他人分享自己的失败。谷歌知道这样做的成本，所以在公司内部，为了鼓励员工分担失败，公司授权员工终止他们正在进行的项目，而不是像大多数公司那样仅仅是高层管理人员拥有此权利。更重要的是，谷歌奖励失败的团队。谷歌有一个叫作"雾角"（Horn）的项目，从海水中提取二氧化碳并将其转化为燃料。这项技术很有前途，但成本上并不可行，所以团队决定终止他们的项目。谷歌的高管在全体员工会议上感谢项目团队，并给成员发放了奖金。原因是：该团队关闭了他们的项目，为谷歌释放了宝贵的资源，这些资源可以用于有更大的成功机会的项目。让一个不成功的项目继续下去是对公司的巨大浪费，此举被称为"奖励失败的聪明人"。

奖励失败给予了组织成员正确看待失败的视角，让组织避免掉入探索性创新能力的陷阱当中。探索性创新是组织专注于长期竞争优势与回报所倾向于进行的一种创新活动，是组织偏离现有技术轨道进行的一种外部搜寻，目的是获取颠覆、隐性和极具破坏性的知识。探索性创新本身具有高投入、高收益和高风险等特征，成功率远不及开发性创新。在组织的路径依赖、承诺升级的作用下，组织很容易陷入"持续失败探索"的陷阱，组织会通过不断提高对破坏性和探索性创新活动的成功预期来掩饰它本身具备的不足或不良后果。[37] 通过正视失败，我们能够终止那些本不该继续的项目，为组织的成长带来更多机会和可能，毕竟，发现我们正走在失败的路上，并停下脚步，就是为迈向未来的成功节省时间。

皮克斯前总裁埃德·卡特穆尔（Ed Catmull）把失败分为两部分：一部分是失败本身以及随之而来的失望、困惑和耻辱；另一部分是对失败事件的反应。第一部分不受控制，但公司可以控制第二部分，例如员工不应该为聪明的失败负责。通过消除恐惧和提供安全，组织才能获得越来越多的"聪明的失败"。

因此，我们有必要在组织内建立一种友善看待失败的开放性氛围，这种情感上的支持能够提供巨大的力量，帮助员工克服对工作失败的恐惧和失望，也才有机会最大限度地激发出他们的创造力和创新能力。

组织的领导者可以从两个方面提升员工从失败中学习的效率——领导性考虑（leader consideration）和结构性启动（leader structure initiation）。[38] 领导性考虑的核心在于领导者表现出善良、关怀、关注员工福利并为员工提供支持的特质。这种以关系为导向，提供持续性的情感包容性支持的方式能够安慰在工作中遭遇失败的员工，减轻他们对潜在负面影响的担忧，例如被轻视或者惩罚，从而促进他们正视失败，积极反思失败的工作经历，从而吸取经验教训。结构性启动的核心在于领导者定义员工的角色和职责，设立明确的目标、标准和沟通机制，并提供解决方案和绩效反馈帮助员工获取新知识。这种以任务为导向，提供认知支持的方式可以加速员工的学习过程。这两种影响相互补充，共同增强员工学习的内在动机，从而使员工对解决问题和提高能力充满热情，倾向于采取学习行为。

今天，失败对我们中的许多人来说可能是一种非常陌生的经历，杰西卡·班尼特（Jessica Bennett）写道："在斯坦福和哈佛，缺失失败是如此普遍，以至于即使学生在考试中做得很好，似乎也无法应对最简单的竞争。"事实上，失败是一种丰富而有价值的信息，可以成为一种无价的竞争优势。我们知道，飞机"黑匣子"尤为重要，因为它记录了飞机的所有信息，当有不幸出现时，我们可以恢复"黑匣子"数据，分析和判断事故的真正原因，"黑匣子"是防水、防火、防撞的，而且被设计成明亮的橙色，这样飞机坠毁后易于发现。失败就像组织的"黑匣子"，如果我们将其掩藏，将会对企业的发展造成非常不利的影响。正如埃里克·施密特（Eric Schmidt）所说："我们为失败而庆祝。"

参考文献

[1] Baron J. Thinking and deciding[M]. Cambridge University Press，2000.

[2] Iansiti，M. Technology Integration：Making Critical Choicesin a Turbulent World[J]. Harvard Business School Press，1997.

[3] de Abreu Mancini P H D，Silva L P. Finding the roots：experimentation in innovation project management[J]. International Journal of Managing Projects in Business，2021.

[4] Simon H A. The Sciences of the Artificial，reissue of the third edition with a new introduction by John Laird[M]. MIT press，2019.

[5] Thomke S，Von Hippel E，Franke R. Modes of experimentation：an innovation process—and competitive—variable[J]. Research Policy，1998，27（3）：315-332.

[6] Ashford S J，Tsui A S. Self-regulation for managerial effectiveness：The role of active feedback seeking[J]. Academy of Management journal，1991，34（2）：251-280.

[7] Ashford S J，Cummings L L. Proactive feedback seeking：The instrumental use of the information environment[J]. Journal of occupational psychology，1985，58（1）：67-79.

[8] 张燕红，廖建桥. 组织中的反馈寻求行为研究述评与展望 [J]. 外国经济与管理，2014，36（4）：47-56.

[9] Ashford S J，Cummings L L. Feedback as an individual resource：Personal strategies of creating information[J]. Organizational behavior and human performance，1983，32（3）：370-398.

[10] Sawalha I H. Business continuity management and strategic planning：The case of Jordan[D]. University of Huddersfield，2011.

[11] Bason C，Austin R D. The right way to lead design thinking[J]. Harvard Business Review，2019，97（2）：82-91.

[12] Greenwood R，Hinings C R. Organizational design types，tracks and the dynamics of strategic change[J]. Organization studies，1988，9（3）：293-316.

[13] Weick K E. Emergent change as a universal in organizations[J]. Breaking the code of change，2000：223-241.

[14] Livne-Tarandach R，Bartunek J M. A new horizon for organizational change and development scholarship：Connecting planned and emergent change[M]//Research in organizational change and development. Emerald Group Publishing Limited，2009.

[15] By R T. Organisational change management：A critical review[J]. Journal of change management，2005，5（4）：369-380.

[16] Seo M，Putnam L L，Bartunek J M. Dualities and tensions of planned organizational change[J]. Handbook of organizational change and innovation，2004：73-107.

[17] Ucbasaran D，Westhead P，Wright M，et al. The nature of entrepreneurial experience，business failure and comparative optimism[J]. Journal of business venturing，2010，25（6）：541-555.

[18] Cardon M S，McGrath R G. When the going gets tough... Toward a psychology of entrepreneurial failure and re-motivation[J]. Frontiers of entrepreneurship research，1999，29（4）：58-72.

[19] Sitkin，S.B.，Sutcliffe，K.M. and Weick，K.E.（1999），"Organizational learning"，in Dorf，R.C.（Ed.），Technology Management Handbook，CRC Press，Boca Raton，FL，pp. 7‐76.

[20] 谢雅萍，梁素蓉. 失败学习研究回顾与未来展望 [J]. 外国经济与管理，2016，38（1）：42-53.

[21] 杜维，周超. 制造企业服务创新过程中失败学习路径研究 [J]. 科技进步与对策，2015，32（3）：85-89.

[22] 查成伟，陈万明，唐朝永. 高质量关系、失败学习与企业创新绩效 [J]. 管理评论，2016，28（2）：175-184.

[23] Carmeli A，Sheaffer Z. How learning leadership and organizational learning from failures enhance perceived organizational capacity to adapt to the task environment[J]. The Journal of Applied Behavioral Science，2008，44（4）：468-489.

[24] Barnett C K，Pratt M G. From threat‐rigidity to flexibility‐Toward a learning model of

autogenic crisis in organizations[J]. Journal of Organizational Change Management，2000.

[25] Amankwah-Amoah J. A unified framework of explanations for strategic persistence in the wake of others' failures[J]. Journal of Strategy and Management，2014.

[26] Rhee M，Kim T. Great vessels take a long time to mature: Early success traps and competences in exploitation and exploration[J]. Organization Science，2015，26（1）: 180-197.

[27] Moore D A，Healy P J. The trouble with overconfidence[J]. Psychological review，2008，115（2）: 502.

[28] Kahneman D，Lovallo D. Timid choices and bold forecasts: A cognitive perspective on risk taking[J]. Management science，1993，39（1）: 17-31.

[29] Cable D. How humble leadership really works[J]. Harvard Business Review，2018，23: 2-5.

[30] Collins J. Level 5 leadership: The triumph of humility and fierce resolve[J]. Managing Innovation and Change，2006，234.

[31] Norcross M A，Manning M R. Humility as an Enabler of Organizational Growth and Change[M]//Research in Organizational Change and Development. Emerald Publishing Limited，2019.

[32] Crossman J，Doshi V. When not knowing is a virtue: A business ethics perspective[J]. Journal of Business Ethics，2015，131（1）: 1-8.

[33] Hayes J L. The silent virtue[J]. Management Review，1978，67: 2-3.

[34] Schein E H. Humble consulting: How to provide real help faster[M]. Berrett-Koehler Publishers，2016.

[35] Marsick V J，Watkins K. Informal and incidental learning in the workplace（Routledge Revivals）[M]. Routledge，2015.

[36] Hirak R，Peng A C，Carmeli A，et al. Linking leader inclusiveness to work unit performance: The importance of psychological safety and learning from failures[J]. The Leadership Quarterly，2012，23（1）: 107-117.

[37] 王寅，张英华，王饶，张建宇. 组织双元性创新模式演化路径研究——两种"次优"能力陷阱讨论[J]. 科技进步与对策，2016，33（08）: 93-100.

[38] Zhou Q，Mao J Y，Xiang S，et al. How can leaders help? A mediated moderation influence of leader consideration and structure initiation on employee learning from work failures[J]. Journal of Knowledge Management，2022.

第5章　**转化限制**

我们没有钱，所以必须思考。

——欧内斯特·卢瑟福

🏆 5.1　一无所有的富饶

5.1.1　拥有是一种障碍

老师递给孩子们牙签和半干的豆子，让他们做建筑模型。孩子们经常在街上看到高楼大厦，于是开始制作"显而易见"的模型。一个视力不好的男孩只能靠触摸辨别，他发现三角形比正方形更强。他很快就建成了复杂的网格结构。由于三角形的坚固性，他的模型比其他学生更大，也更精细。老师很惊讶，叫其他同学去看这个独特的结构。男孩对别人的惊讶感到诧异——这对他来说是很自然的。他的视力不够好，看不清盒

112

子状的房子、窗户和门框。二十年后，男孩将童年时做成的结构发展成了一个美丽而精致的网格状圆顶——基于简单的几何结构的非常强大的结构，不需要内部支持，就能创建一个大的空间。它易于安装，节省运输成本。现在世界各地有数百座这样的建筑。这个男孩就是理查德·巴克敏斯特·富勒（Richard Buckminster Fuller），一位有影响力的美国建筑师、设计师和发明家。他在幼儿园建模型时发生的事情使整个世界发生了巨大的变化。

一个公司最大的资产往往会成为它最大的负担，无论是无形的，如品牌和知识产权，还是有形的，如资产和工厂。戴尔电脑公司董事长兼首席执行官迈克尔·戴尔（Michael Dell）是一位有远见的人，他曾说过"资产带来各种风险"，巨额投资可能成为公司转型的障碍。一个公司要积累资产，必须遵循一种成功的模式。不管你喜不喜欢，公司必须继续这样做。这带来的就是所谓的价值网依赖效应，当技术、产品、市场、资本等基本要素组合起来，就会形成一张无形的网将企业网住。价值网一方面给企业提供了生存所需的资源，另一方面也将企业禁锢在价值网中，让其深陷其中，无法自拔。如果时局好，竞争规则不变，那就没问题。当竞争规则改变时，多年的资产可能会导致一系列问题。

我们同样能在领域专家们的身上看到"拥有"的陷阱。莱斯大学（Rice University）的研究员埃里克·戴恩（Eric Dane）用"壕沟"这个词来描述专家们必须应对的心理陷阱。在我们的专业知识达到一定程度后，学到更多且变得更有见识，或者在某个特定领域更有权威时，我们就不太愿意冒险了。戴恩表示，要想获得激进而有用的想法，就需要放下对该领域专家般的了解。他提出了一种倒 U 型曲线，用来描述专业能力和突破性创造力之间的关系。戴恩认为，获得足够的该领域知识可以让我们到达倒 U 型曲线的顶端。[1] 虽然在这里，我们有能力提出重要的新想法。但是，许多专家一旦达到了这个顶峰，就会用一种固定或僵化的方式来看待世界。他们不仅固守自己的思想，而且不知不觉地利用自己的权威地位阻碍了整个学科。心理学先驱西格蒙德·弗洛伊德（Sigmund Freud）在《文明与缺憾》中坦承："我在这里总结的概念起初只是试验性地提出。但随着时间的推移，这些概念占据了我的大脑，阻止我以任何其他方式思考。"我们应该记住，能力是存在边界的，这带来了刚性，当你拥有了它，它也拥有了你。

5.1.2 失去也意味着重生

20 世纪 90 年代初，嘉信理财（Charles Schwab）想要进入个人退休账户（IRA）市场，富达（Fidelity）主导了这个市场。1992 年，富达以每年 40 万美元的速度开发个人退休账户，每年的管理费收入约为 4 500 万美元。当时，富达的规模是嘉信理财的 5 倍。当其他人看到嘉信理财的弱点时，嘉信理财团队却看到了将富达的优势转化为自身优势的机会。

有一天，嘉信理财的高管杰夫·莱昂斯（Jeff Lyons）想出了一个大胆的主意：对个人账户余额超过 1 万美元的客户免收 22 美元的年管理费。莱昂斯表示，富达（Fidelity）和美林（Merrill Lynch）等大公司在个人退休账户（IRA）市场的投资要大得多，这使得它们很难削减费用。如果嘉信理财将 IRA 管理费降至零，将会对客户产生巨大的吸引力，吸引他们将 IRA 账户转入嘉信理财，从而增加公司资产。当然，免费服务也会给公司的品牌和产品蒙上一层光环。这一提议在嘉信理财内部引发了激烈的争论，因为取消间接成本将使嘉信理财的年收入至少减少 900 万美元，而当时嘉信理财的年收入约为 8 000 万美元。但该公司估计，嘉信理财只需增加 20 亿美元的资产，就可以弥补年度支出的损失。此外，嘉信理财认为，富达不会对这一措施做出反应，因为富达的客户基础更大。换句话说，如果取消年费，富达将损失一大笔钱。

1992 年 4 月，嘉信理财取消了 10 000 美元以上个人退休账户的管理费，一年之内增加了 20 亿美元的资产。当富达看到嘉信理财领先时，它却无能为力，因为无论它如何应对，短期内都会亏损。我们会发现，客户一方面是企业最珍贵的资源，另一方面是企业最主要的禁锢力量。如果富达对嘉信理财的商业行为做出回应，它将损失 4 500 万美元。如果没有做出回应，嘉信理财很快就会占据市场的主导地位。八个月后，富达也取消了对超过 5 000 美元账户的收费。

但嘉信理财已经实现了自己的目标。企业应该辩证地看待拥有的资源，我们应该意识到，没有什么是不能失去的，失去意味着另一种重生。风险投资家阿兰•汉密尔顿（Arlan Hamilton）曾经说过："如果我失去了一切，没有什么能阻止我成功。"

5.2　在限制中发现机会

5.2.1　限制迫使我们思考

从字面上讲，"限制"是一种消极的东西，它以某种方式制约我们，阻止我们做我们想做的事情。"限制"让我们失望，让我们沮丧，让我们失望。但实际上，"限制"可能是丰富的、可能的和可取的。"限制"是新方法和新机会的催化剂，它不会扼杀我们的潜力，反而会让我们比以前更强大。

胡佛大坝（Hoover Dam）被世界公认为人类工程和建筑方面最伟大的壮举之一。它是美国的历史地标之一。1994 年，美国土木工程师协会（The American Society of Civil Engineers）将其列入"美国现代土木工程七大奇迹"名单。建造高 220 米、长 380 米的胡佛大坝用了大约 500 万桶混凝土。大坝厚约 200 米，足以抵御科罗拉多河（Colorado River）的湍急水流，为美国西南部提供充足的电力和水。

大坝令人着迷。但在施工开始之前，工人们面临着另一项艰巨的任务——改变科罗拉多河的流向，这样就可以下到峡谷底部并浇筑地基。筹备工程花了整整一年的时间才正式完成，人们挖掘了四条隧道来分流河道。最后，在 1933 年 6 月 6 日，第一桶混凝土被投入地基。混凝土是通过铁路货车运输到现场的，人们会现场进行搅拌，然后每 78 秒通过悬挂混凝土桶滴入地基。你知道，无论混凝土浇筑得多快，它都必须被冷却才能保持结构坚固和稳定，如果使用传统方法，胡佛大坝需要 100 多年才能完工。

然而，混凝土的固化是不能跳过的步骤，因为水分子在混凝土的微观结构中积累，使其更具黏性和坚固性。这一过程会释放大量热量，因此工程师们不仅要想办法缩短长达一个世纪的养护过程，还必须确保混凝土在整个地基中均匀冷却。如果冷却不均匀，就会在混凝土中产生压力和裂缝，使大坝变得脆弱。

工程师们怎样解决这些"限制"？他们决定把混凝土倒进每根垂直的柱子里，然后均匀地冷却每根柱子。具体是这样的：他们建立了一个氮冷冻工厂，每天生产500公斤的冰，然后将其倒入一个红木结构进行蒸发，得到的冷水注入嵌入的水管，不停地循环，从而达到让混凝土均匀冷却的目的。工人们等到下面的柱子几乎全部冷却后，再继续浇筑新的柱子。工作人员仔细测量进入循环系统的冷水的温度，然后再进行其他工序。最后，大部分水管后来都填满了混凝土，使大坝更加稳定。完工后的胡佛大坝十分坚固，目前能承受约310兆帕的最大水压。整个工程提前两年完成了。

当我们不得不在"限制"周围寻找解决方案时，限制会带来独特的解决方案。米开朗基罗在西斯廷大教堂的屋顶上作画时受到了巨大的限制。西斯廷大教堂是一个向下弯曲的拱形屋顶，被60英尺的拱肩分成几个部分。最大的挑战是要让这幅画适应这些拱肩，为完成这一特定的视角扭曲，需要极佳的想象力。米开朗琪罗利用了非常规形状创造了比平面更有活力的构图，他利用墙上的洞作为脚手架。在米开朗琪罗的职业生涯中，这是第一次采用直立的姿势画壁画，保持仰头几个月，挑战了身体的极限。这幅画占地12 000平方英尺，与其他一些伟大的画作相比，无疑是巨大的。500年后的今天，这个屋顶依然令人敬畏。它集戏剧性、丰富的色彩、生动的人物、灵活的动作和精美的场景于一身。观众几乎不会注意到拱肩，因为它完美地融入了构图。

缺少资源迫使我们进行思考，尝试利用手中已有的东西去解决问题并更有可能产生出独具创意的方法，诸如许多初创公司，它们往往具备新颖、规模小、资本不足且缺乏忠实客户等弱点[2]，这迫使公司选择进入前景光明但进入者较少的市场和技术领域，结果就是企业越过了更强大、更成熟的竞争对手，成了业界领先的企业。一些新兴公司在建立之初因为资源有限，选择较少，导致它们行动的限制也少，却恰好帮助它们利用自己的弱点形成了不对称性，使它们愿意或者说被迫去追求一条人迹罕至的道路。

5.2.2 利用你的弱点

迪克森（Dixon.com），一个在线电子产品零售商，其商品虽然价格是合理的，但不够专业，其团队知道很多消费者想要更多的产品知识和建议，但企业的利润模型却限制他们提供，所以迪克森鼓励人们去对手商店，在得到所需的知识和建议后再回到他们的网站。正如迪克森公司的营销标语所言——"迪克森：你最后去的地方"。借助竞争对手的资源，迪克森网站流量增加了35%。

我们会发现，组织的弱点往往与不对称性密切相关。不对称性是指一个组织所拥有或生产的技能、流程、人才、资产或产出是其竞争对手所不能也无法以承担经济租金的成本复制的部分。它们有可能是组织的弱点和拖后腿的存在，比如效率低下的团队、灾难性的部门或者麻烦的长期客户，但一定罕见、独一无二且不可替代。[3] 管理者需要在组织中去寻找这种不对称性，因为它们的不可模仿性可能是组织获取优势的先兆。研究表明，一些企业能够克服可持续性和可获得性的两难困境（sustainability–attainability dilemma）。将组织的不对称性转化成资源和核心能力有三种方法：①去发现组织内的不对称性，无论多么微小、隐蔽和麻烦，学会去洞察其中的潜力；②尝试将不对称性转化为能力，将其战略性地嵌入到可以利用不对称性进行支持和发展的组织设计配置中；③将市场机会和不对称性衍生的能力进行有意识地匹配。

戴尔电脑公司成立之初，由于资金有限，被迫开始通过电话和互联网销售电脑。他们不像康柏（Compaq）、美国国际商用机器公司（IBM，International Business Machine）或惠普（HP）等公司那样拥有财务支持或客户关系，因此被迫（而且是自由地）采用一种不同的商业模式。亚马逊（Amazon）网站的情况也是如此，它的资源有限，因此只能用最少的实体基础设施提供服务，其结果是一个创造性的互联网折扣服务。相比之下，实力雄厚的巴诺书店（Barnes & Noble）在进入这个前景被看好的市场后，发展要慢得多，他们不想蚕食自己的零售专卖店业务或疏远自己的代理商。同样的动力也在无线互联网的电信行业中发挥着作用。较小的电信公司更愿意接受新技术，因为它们的选择少，限制少，比如德国电信（Deutsche Telecom）的主要业务就是安装基础设施。在这里，最初的不对称帮助企业进入了一个未被占领的领域，尝试新的方法，从而有机会获得先发优势的立足点。这些不对称性或许最初仅仅建立在认知上，尽管如此，它仍然有潜在的巨大生产力。

当宝洁（P&G）试图将甘帕（Drypers）赶出一次性尿布市场时，甘帕反而利用了宝洁的攻击。甘帕无法抵制宝洁公司对得克萨斯州消费者的大量优待。甘帕的策略是接受宝洁的优惠券，优惠券同样可以用来交换甘帕的产品。结果，宝洁公司发放的优惠券越多，甘帕的纸尿裤销量就越高。

这启示我们，可持续性和有效差异化的根源来自于组织的弱点和不对称性，鉴于此，战略不应该是市场驱动的，而应该是与市场相关的，例如，它不应该被顾客想要什么和竞争对手做什么所引导，而应该思考自身能够比其竞争对手更好地利用哪些市场力量作为引导。众多学者认为可持续的优势只能来自"稀有的、有价值的、不可模仿的、不可替代的资源"。[4-5] 尽管这些学者擅长描述这些资源所需的特性，但他们的描述本身就暗示着这实际上很难实现。为了绕过这一障碍，企业必须学会朝内看，去发现组织中那些不成熟的资源，因为这些资源往往就是稀缺的，反过来想，要从检查它们在无法模仿的方面有何不同开始，但这些方面不一定是盈利或正面的。为了配合这样的逆向思维，组织的设计也必须与识别、配置、开发和利用这些差异相匹配。

🏆 5.3　障碍就是道路

5.3.1　你的敌人其实也是你的朋友

2003 年 5 月，美国登山者阿伦·罗斯顿（Aron Ralston）在未告知其他人的情况下独自攀登了犹他州的大峡谷。在攀登过程中，他突然掉进了岩石的裂缝里，他的右臂被一块大石头夹住了。罗斯顿被困了五天，他的书《生死两难》（*Between a Rock and a Hard Place*）记录了这一磨难，后来这本书被拍成了电影《127 小时》（*127 Hours*）。

起初，罗斯顿试图用随身带着的刀撬开岩石，拔出他的手臂，但没有成功，而且刀钝了。几天后，他发现夹住的那部分手臂已经因为缺乏血液循环而坏死。这只手臂不值得拯救，留着它甚至可能会要了他的命。没有食物，水也快用完了，罗斯顿完全被孤立了，他太绝望了，以为自己会死在这里。他放弃了挣脱手臂的尝试，试图通过截肢来拯救自己，但此时他的刀已经太钝了，无论如何都无法切断前臂的骨头。罗斯顿一度变得十分不冷静，失去了控制。他试着把胳膊从岩石中抽出来，不停地疯狂扭动身体。由于剧烈的移动，他觉得他的右臂好像是被折断了，突然间他有了一个重要的发现：他不需要用刀砍断前臂的骨头，巨石紧紧地压在他的前臂上，可以利用岩石把骨头弄断。一旦成功地折断了骨头，他就开始用更小的刀片切割其他组织（当然，最疼的是他切断神经束的时候），最后他终于爬了出来并开始呼救。

当罗斯顿不再执着于"救出"他被困的手臂，而是要把自己从死去的前臂中解救出来时，他发现巨石不再是他的敌人，而是他的朋友。巨石变成了一个坚固的杠杆，他用它折断了前臂的骨头，帮助自己逃跑。为了让敌人成为我们的朋友，摆脱对事物固有属性的看法尤为重要。下面这个实验能有助于我们深刻体会到这一点。

心理学家卡尔·邓克尔（Karl Duncker）的蜡烛实验指出，我们往往抵制用新的方法解决问题，这种认为问题和工具是固定的倾向，被称为"功能固着"（functional fixedness）。在这个实验中，他让实验对象靠墙坐在一张桌子旁，给他们一支蜡烛、火柴和一盒图钉。实验要求受试者想办法把蜡烛挂在墙上，而不让蜡烛滴到下面的桌子上。大多数受试者尝试了两种方法中的一种：他们要么用图钉把蜡烛钉在墙上，要么用火柴融化蜡烛的一面，然后把它粘在墙上。

但这两种方法都不起作用。这些实验失败的部分原因是他们专注于物体的传统功能：图钉是用来固定东西的，盒子是用来储存东西的。成功的受试者忽略了盒子的传统功能。他们调整了图钉盒的结构，使其成为一个放置蜡烛的平台。然后他们把盒子钉在了墙上。在日常生活和工作中，我们都会遇到不同版本的蜡烛问题。我们如何训练自己跳出思维定式？我们如何以不同的方式看待产品或服务？如何在掌握一个领域的技能后，发现它们在另一个领域的价值？在罗伯特·亚当森（Robert E. Adamson）的一项军事研究中，邓尔克的蜡烛实验得到了复制，但有一个不同的地方。他把研究对象分成两组，并对每组的设置做了轻微的改变。结果，第二组的表现远远好过第一组。第一组中只有41%的人解开了谜题，而第二组中这一比例为88%。什么可以解释结果的显著差异？为第一组提供的三种材料——蜡烛、火柴和图钉——被放在三个盒子里。因此，第一组倾向于将盒子视为容器，这就形成了严重的"功能固着"，这群人很难把盒子用作他途。但对于第二组，物品被放在桌子上，并在旁边放上一个空盒子。当物品被从盒子里拿出来后，被试者更倾向于将盒子视为潜在的烛台。当消除掉熟悉的解决方案时，受试者的表现得到了提高。

当我们超越传统的主客二分思维[6]，不再一味地强调资源抑或障碍的固有属性及其价值，摒弃资源的无效组合与惯性思维，我们就会发现，障碍反而成了我们的朋友，那些阻止我们成长的，反而成了我们成长的加速器。

5.3.2 逃避不可耻，且有用

我们要从有限资源出发，辩证地去看待资源的有限性。当我们缺乏资源时，不如反过来想，如果没有这个资源会怎么样，它对我是否是必需的。克服资源依赖和限制的其中一种有效的方法就是规避它。[7]

谷歌的首页为什么如此简洁？因为创始人拉里·佩奇（Larry Page）当时编码的能力有限，他负担不起外部资源的成本，而自己能做的就是设计一个搜索框。当其他门户网站的首页里塞满了各种内容，谷歌的简洁反而显得与众不同。全球最著名的游戏主角之一马里奥（Mario）的诞生正是因为限制，设计师宫本茂（Shigeru Miyamoto）为马里奥设计了一个大鼻子和小胡子，这是为了避开脸部表情的设计工作，马里奥头顶的帽子是为了避免描画头发的设计工作，这不仅拯救了糟糕的画面，也创造了游戏史上辨识度最高的人物。

20 世纪 70 年代，西南航空公司（Southwest Airlines）必须卖掉一架飞机，但公司不想削减既有的航线，为了保留这些航线，西南航空公司就需要在巨大的限制下想办法。假设能让飞机在十分钟之内完成乘客和行李的下机、飞机的清理和启程乘客和行李的登机，那么这就有可能——三架飞机飞四条航线。当时美国航班的平均周转时间是一个小时，但西南航空公司做到了，这也吸引了更多的顾客，并成就了其经典的商业模式：成本领先战略。

5.3.3 接受它，拼凑它

"限制"为什么只能是负面的？如果我们学习接受限制，并创造性地利用限制，"限制"就是积极的，因为它可以激发我们追求更好的方法。第二次世界大战开始时，所有参与国逐渐出现钢铁和其他金属短缺的状况，但英国有大量的木材供应和家具制造商，所以杰弗里·德·哈维兰（Geoffrey de Havilland）设计了一种非常简单但速度很快的轰炸机，它几乎完全由木头制成，只能两个人飞。这种原材料使这种飞机比竞争对手的飞机更轻，拥有更小更简单的引擎。它的制造也更容易、更便宜。我们会发现，创造性地利用手头现有的常被忽视、遗忘的资源，会产生前所未有的新价值。通过使用木材、拆除防护钢装甲和防御炮塔，哈维兰建造的"蚊子"（De Havilland Mosquito）战斗机时速超过了 400 英里，比任何一架德国战斗机都快，因此不太容易受到空袭。战斗机制造需要的人工和运营成本减少了一半，却几乎没有人员死亡。哈维兰的简单设计公然挑战了当时的认知：很多人不相信没有机关枪和铠甲保护的轰炸机是一个可行的解决方案。"蚊子"战斗机的天才之处在于，它超越了传统的重量和速度之间的权衡。飞机受到的保护越多，它的飞行速度就会越慢。保护和速度之间的选择是一个不可避免的困境，但"蚊子"战斗机改变了这一切。因为没有敌机能跟上它，它不需要装铠甲从而可以更轻。突然之间，没有了取舍，速度提供了保护。乘坐"蚊子"战斗机给飞行员带来了无与伦比的速度和保护，两者携手并进，创造了一个良性循环。通过对现有资源的"将就"与重构，哈维兰突破了资源约束，得以应对新的机会与挑战。这种拼凑、"将就"的思维也为个人和组织成长带来了新的思路——从如何发展最优资源到如何最优地使用现有资源以创造价值。好的选择不同于普通的艰难权衡。如果你做出了正确的选择，就会同时得到两个优势，而不是一个好的或一个坏的，是"限制"逼迫你做出了好的选择。

资源拼凑理论最早由创业学者泰德·贝克（Ted Baker）和里德·尼尔森（Reed E. Nelson）提出，并将其界定为创业者在面对资源约束时的一种行动策略——通过对现有资源的将就利用，从而实现新的创业机会或应对全新挑战。[8]资源拼凑理念的核心在于脱离传统的资源分析模式，不拘泥于资源属性，以全新的视角去审视现有的资源和价值，通过"将就"、重新整合、构建新的手段–目标导向的关系把握机会和迎接挑战。资源拼凑的过程主要涉及三个核心概念，分别是现有资源（resources at hand）、资源将就（making do）、资源重构（combination of resources for new purposes）。我们同样可以在油管（YouTube）的做法中看到这种资源拼凑的创造性力量。

油管彻底改变了在线分享视频的方式，但保持这一优势并不容易：油管很早就发现，要想吸引眼球，视频必须流畅播放，不受干扰。人们可不想在观看时总是需要缓冲，因为当这种情况发生时，用户就会离开。随着高清文件的出现，这个问题变得更加严重。高清文件很大，需要大量带宽才能正常播放。如果带宽太窄，视频就会在观看时卡顿。不幸的是，带宽是波动的，而控制权掌握在互联网服务提供商手中,而不是油管手中。因此,选择高清视频的用户越多,观看体验就越受限。油管的工程师们面临着看似无法克服的困难。在不直接影响带宽的情况下,它们怎么能被称为可靠的"流媒体"呢?

他们的解决办法既聪明又令人惊讶。当时,油管视频以三种分辨率存储:高清晰度、标准清晰度和低清晰度。因此,工程师们设计了一种软件,可以将文件分解成不同分辨率的小块,就像项链上的珠子一样。当视频传输到计算机时,其他软件跟踪带宽的实时波动,并为计算机匹配播放所需的正确分辨率。你看到的视频实际上是由成千上万个小片段串在一起的。只要流中有足够多的高分辨率片段,你就不会注意到低分辨率片段,它们看起来就像混在珍珠中的鹅卵石,你所注意到的只是服务变得更好了。我们需要强调的是,拼凑强调对现有资源的创造性利用,强调即兴、知足决策及重构的积极作用,并非不同资源的简单累加,这个过程是多维的。通过质疑、颠覆与解构,创造出独特的产品和服务,赢得更为广泛的市场,即在"求存"的过程中实现组织的持续成长。为了解决高清播放产生的问题,油管的工程师们不断地拼接和融合视频,挑战了高质量必须是 100% 高清的假设,背后是"限制"带来的创造性工作。

🏆 5.4 少即是多

5.4.1 学会做减法

让我们从一个行为实验开始。杂货店里有时有 6 种试吃果酱,有时有 24 种。你猜哪一种情况下客户更有可能被吸引与购买果酱?当有更多选择时,60% 的顾客会被吸引,当选择更少时,40% 的顾客会被吸引。但消费者到底什么时候买果酱的可能性最大呢?研究表明,当面对 24 种选择时,只有 3% 的顾客会购买一到两种果酱。然而,当只有 6 种果酱时,30% 的顾客会购买。顾客在选择有限的情况下购买商品的可能性是选择多的情况下的 10 倍。消费者很容易被商品种类所吸引，但更多的人会在选择较少的情况下购买。所以有限的选择不一定是坏事。

宝洁公司将洗发水的销售数量从 26 种减少到 15 种，从而使销售额增加了 10%。奥乐齐（Aldi）是一家全球连锁超市，其经营原则很简单：大批量，价格低廉，有限服务，但其产品质量过硬。有了更小的选择范围，客户就不必纠结于做决定。"少即是多"（less is more）的意思是，在某种情况下，更少的时间、信息或选择反而更好。但这并不意味着越少越好。例如，人们在面对 6 种果酱时比面对 24 种果酱时买更多果酱，并不意味着他们在面对 1 种或 2 种果酱时买更多果酱。

1982 年，当 buc-ee's 在得克萨斯州开设第一家门店时，其创始人阿奇·阿普林三世（Arch Aplin III）和唐·瓦塞克（Don Wasek）将两项基本优势——便宜的冰块和干净的卫生间——作为重点。得克萨斯州的 buc-ee's 有 34 个小便池，这意味着男性很少需要排队上厕所。无论你什么时候到 buc-ee's，即使是凌晨 4 点，卫生间都很干净。新布朗费尔斯的 buc-ee's 有 120 个加油站和占地约 6 200 平方米的大型便利店。位于凯蒂的 buc-ee's 拥有世界上最长的洗车服务区，创造了世界纪录。buc-ee's 以加油业务起家，但现在加油业务只占总收入的 60%，剩下的 40% 来自便利店，包括在便利店销售的自有品牌产品，利润丰厚。buc-ee's 甚至赢得了美国最佳公共厕所的称号。

在实践中，"少即是多"的原则在组织中是极难实现的。创业初期，企业家努力将想法转化为产品，然后卖出去创造价值。所以无论客户想要什么，初创公司都会积极响应。为了保证客户满意，就会导致复杂性的增加。不久，第二个客户来了，但是他们想要一个与之前不同的产品。这就变得更复杂了。这样一来，企业创造出更多的新产品来满足不同的需求。这些新产品被匆匆添加了新的功能和技术，以满足每个细分市场。例如，可能有一个豪华版，一个环保版等。添加功能和技术似乎是一件完全合乎逻辑的事情，它有助于公司在新市场的每个部分都留下印记。而增加复杂性就意味着增加设计、制造、销售和分销等工作。

此外，当一家企业有扩张的野心或销售放缓时，管理者会理所当然地认为增加更复杂的解决方案、更多元化的产品、更多的定制服务和更全面的市场拓展是解决之道。企业内部对提出新想法总是存在迫切的需求，管理者总是对"新事物"感到兴奋。但危险在于，他们过于相信复杂性可以解决问题的逻辑，甚至天真地认为，只要性能在提高，即使更重、更贵，使用起来更复杂、更困难也无伤大雅。

5.4.2　大道至简

爱因斯坦说过，一切都应该"尽可能简单"。奥卡姆剃刀（Occam's Razor）是一种以 14 世纪奥卡姆哲学家威廉（William）的名字命名的思维模式，它常被描述为一条规则：如无必要，勿增实体。这也是我们所说的熵增定律——封闭系统的熵随着时间的推移不断增加，且不可逆，最终的命运是死亡。我们所应该做的是对抗熵增、反熵增，努力减少组织的复杂性。"我们对某样东西了解得越多，它就变得越简单。"彼得·阿提亚（Peter Attia）说，这是理查德·费曼的经典教学。如果你读研究论文，你会看到作者们用"多层面""多因素""复杂"这样的词作为题目，其实，他们的意思是："我们并没有完全理解我们在谈论什么。"我们总想增加更多的诱惑，但堆得越高，就越容易掉下来。行为金融学专家布莱恩·波提诺（Brian Portnoy）称之为"复杂性迷恋"。它使我们忽视手边的重要事物，而去寻找更庞大的东西。航天飞机的白色外壳闪闪发光，但外部燃料箱看起来生锈粗糙。燃料箱的外观不是设计疏忽的结果，而是一个证明简单的解决方案可以走得很远的经典例子。航天飞机在最初的两次飞行中都配备了一个与固体火箭助推器和轨道器一样涂成亮白色的外部燃料箱。但在早期的飞行之后，科学家们发现航天飞机需要一个更轻的燃料箱：减掉约600 磅才能让航天飞机在最佳的状态下工作。科学家们开始着手进行这项工作，他们用太空材料进行实验，寻找空气动力学效应，但毫无效果。在这个特别令人沮丧的时刻，一个普通的工人简单地建议道："你们为什么不停止给燃料箱喷漆呢？"而为燃料箱喷漆所需的油漆重达 600 磅。

英国经济学家舒马赫（E. F. Schumacher）说："任何看起来聪明的傻瓜都可以把事情搞得更大、更复杂，但去做一些相反的事需要天赋和很大的勇气。"当苹果团队试图将现有的 MP3 播放器连接到他们的新平台上时，他们发现这些播放器"非常可怕"。"这些播放器真的很糟糕。它们只能存储大约 16 首歌，而且你不知道如何使用它们。"于是苹果开始了一项深入的研究，不到一年，乔布斯和他的团队就设计出了一款简单得多的播放器。

在所有这些简洁的设计中，最具禅意的是乔布斯令人吃惊的判断：iPod 不需要设计开关。突然之间，一切都变了：一个可以存储 1 000 首歌曲的设备，一个可以操作 1 000 首歌曲的界面和一个滚动轮，一个可以让你在不到 10 分钟内同步 1 000 首歌曲的火线连接，以及一个可以连续播放 1 000 首歌曲的电池。"我们突然对视了一下说，这真的很酷，"乔布斯回忆说，"我们知道它有多酷，因为我们知道自己也想要一个。这一理念非常简单：1 000 首歌在你的口袋里。"

沃尔特·艾萨克森（Walter Isaacson）在《史蒂夫·乔布斯传》（*Steve Jobs: A Biography*）中这样写道："从 iPod 项目一开始，乔布斯每天都沉浸其中。他的第一个要求是'简化'。他仔细检查了每一个用户界面，并严格测试。他希望任何操作只需三次点击就能实现，如果他找不到打开页面的方法，或者需要超过三次点击，他就会生气。"乔布斯对 iPod 做到了极致的除法差异化，绝对不留下任何多余的功能与按键，从而做到了让产品真正变得简洁。这实际也是一种聚焦，通过这种近乎疯狂的努力，企业能够为自身或者产品找到那个真正独一无二的生态位，这是一项卓越的成就。

金融领域也有一个经典案例。1990 年，哈里·马科维茨（Harry Markowitz）因其开创性的资产优化配置方法获得了诺贝尔经济学奖。他解决了一个重要的投资问题，为那些为退休存钱并试图在股票市场上赚钱的人提出更科学的建议。如果你正在筹集一个投资基金，你不会想把所有的鸡蛋放在一个篮子里。但是如何分配资金呢？马科维茨告诉我们，存在一个收益最大化和风险最小化的最优组合。但在为自己的退休进行投资时，他并没有使用让自己屡获殊荣的技巧，而是采用了一个简单的规则——1/N 法则：将你的钱平均分配到 N 个基金中。

最佳分配法则和 1/N 法则哪个更好？最近的一项研究比较了七种投资中采用最优资产配置法则和 1/N 法则的效果。最优资产配置法则几乎无法战胜 1/N 法则。这是为什么呢？首先，根据现有数据制定的复杂的策略依赖于数据对未来的预测可靠性，这些数据可以分为两类：用于预测未来的有用信息，以及无法预测的任意信息或错误信息。未来是未知的，所以我们几乎不可能准确区分这两类数据。当然，1/N 法则并不总是优于最优资产配置法则。如果有长期积累的数据，这个策略的效果是最好的。例如，将某人的财富分成 50 份的复杂策略需要 500 年的数据才能最终胜过 1/N 法则。相比之下，简单的法则完全抛弃了之前的信息，这恰恰避开了那些错误的数据。学会欣赏简洁之美，你会发现，那些真正有用的，留存于人间的，历久弥新的，往往是最简单的东西。

5.5 刻意自我设限

5.5.1 迷失在富足与自由之中

1959 年，约瑟夫·曼库索（Joseph Mancuso）在纽约巴达维亚的一个仓库里建立了世界上第一个企业孵化器——巴达维亚工业中心。曼库索的目标是为公司提供一个共享的空间，在这里员工可以"孵化"想法，同时在资源方面创造规模经济。因为这些公司往往缺乏法律、会计、计算机和金融服务资源。

20 世纪 80 年代，孵化器在美国进一步发展，并以创新中心、商业发展中心和科技园的形式传播到英国等欧洲国家。与此同时，企业孵化器开始出现。每个企业孵化器都在特定的企业内运作，许多大型企业现在都有孵化器：英特尔有英特尔资本，谷歌有谷歌风投，脸书有脸书创意车库，赛富时（Salesforce）有赛富时风投，可口可乐、杜邦、甲骨文和沃尔玛都有孵化器。

商业孵化器背后的理念是，他们的系统让商业想法的产生和测试变得更容易。孵化器还可以帮助企业通过引入新鲜的、创新的理念来增强自身实力。这些大公司可以利用他们的资源来吸引创新人才，因为孵化器不是建在传统的象牙塔里，它更容易发展成一种有利于孵化想法和促进实验的文化。孵化团队能够提出创新的想法，适合当前的商业模式和赞助公司的能力，而这些想法可以很容易地从孵化器转移到企业。然后，企业利用其现有能力和大量资源，迅速、大规模地开发新机遇。

这些主意是不是很棒？但问题是，它们并不起作用。为什么？因为一家真正伟大的公司可能始于"车库"。在商业环境中的人有一种紧迫感，他们担心耗尽资金，他们挤破头来推出新产品，希望领先于竞争对手，心里总是不安，因为不确定他们的产品能否引起客户的共鸣，甚至担心锁定的客户根本不是真正的潜在客户。简而言之，这些公司在任何地方都面临着限制。那些已经成为企业孵化器一部分的公司员工清楚地知道孵化器是由企业资助的，他们清楚地知道该服务哪些客户，知道他们想要什么，如果他们愿意，可以在下午 5 点下班回家。他们没有任何初创公司创始人所经历的恐惧和不安全感。孵化器之所以不那么成功，是因为它们去除了太多的限制，过度松弛，而这种舒适、不受约束的环境是成功的敌人。

5.5.2　节俭式创新

苏斯博士（Dr.Seuss）的编辑打赌他写不出只有 50 个单词的书。苏斯博士出版了畅销儿童读物《绿鸡蛋和火腿》（*Green Eggs and Ham*），赢得了赌注。梵高最多只用六种颜色作画。毕加索在他的蓝色时期只使用一种颜色。他们为自己设定了这些限制。通过刻意对自我进行设限，旨在利用更少的资源完成任务，能够有意识地增强我们的创造力，这背后体现出的是一种节俭式创新（frugal innovation）的思想。

节俭，意指"小成本、简单朴素"，反映了一种经济地利用资源的特征。在提出之初，节俭式创新强调为新兴市场收入较低的群体提供物美价廉的产品和服务的过程，被狭义地理解为简化的产品、足够好的产品或低成本的产品。[10-11] 但实际上，节俭式创新蕴含了一种旨在运用更少的资源提供更好的服务的创新思想，通过约束和限制资源的数量来提高协调运用资源的能力，并据此为个人和组织带来竞争优势。

限制就像圆规的针尖，绕着圆心转，可以避免迷失在无数的可能性中。如果你需要在一个好的选择和一个坏的选择之间做出选择，那很容易。如果你必须在一个好的选择和另一个好的选择之间做出选择，却很难。斯坦福大学心理学教授黑兹尔·罗斯·马库斯（Hazel Rose Markus）说："即使生活在一个可以通过选择促进自由、权力公正和独立的环境中，也不一定是件好事。"选择会导致不确定性、挫败感和自私。为了避免陷入混乱，我们在工作中设置参数和限制。完全的自由是一个危险而令人困惑的迷宫，我们会在其中迷失。在无限制的状态下，我们需要找到自己的极限。一旦你发现了自己的限制，你就可以自由地在其中工作。节俭锻炼了我们取舍的能力，让我们不仅能在丰富的资源条件下进行创造，也能在限制的镣铐下起舞。

🏆 5.6 限制导向的文化

收紧，收紧，再收紧

不可否认，有些目标对我们来说几乎是不可能实现的，是很难达到的。但一旦我们找到间接的方法，这些目标就会变得不那么难以实现。西南航空公司在面对不同的危机时也做过类似的事情。自成立以来，西南航空的商业模式一直依赖于保持低成本和高效率，但传统的票务打印系统使这两个目标难以实现。

当时，旅客已经习惯了在办理登机手续时拿到打印好的机票。但考虑到当时的技术，为所有乘客打印纸质机票的成本很高，而且在登机口打印机票也很耗时，因此高管们不得不讨论是否要花200万美元建立一个现代化的售票系统。现代票务系统似乎必须搭建。管理层认为，如果公司不这样做，就有破产的风险。但对于一家低成本航空公司来说，200万美元的额外支出对其利润来说是一个巨大的打击，尤其是当它花在除了迎合行业习惯之外没有实际用途的事情上时。

西南航空公司联合创始人赫伯·凯莱赫（Herb Kelleher）坚称，必须找到更好的方法。"我们开了一次管理层会议，试图找出解决方案，"他回忆说，"有人喊道：'我们真的在乎联合航空公司对机票的看法吗？我们自己对票的定义不是更重要吗？'我们都本能地说：'是的，我们只关心我们认为的票是什么样的。'经理说：'好吧，让我们打印一张纸，用这个简单的形式定义我们的票。'"

他们就是这么做的。西南航空公司没有浪费时间和资源建立一个昂贵的售票系统，而是决定通过一个简单的售票机将"票"打印在普通纸上。通过简单地质疑一个昂贵的售票系统的复杂特性和功能，他们提出了一个更简单、更便宜、更容易获得的解决方案。摆脱那些让问题看起来困难的假设，你会惊讶地发现有那么多简单的解决方案。创业家简彦豪说："当你筹集到了很多钱的时候，你很容易通过花钱来解决你的问题。"这与燃料电池业界领军人物、布鲁姆能源公司（Bloom Energy）联合创始人及首席执行官斯里达尔（K.R. Sridhar）的观点不谋而合："当你穷于资源时，就会穷则变，变则通。"因为资源匮乏会激励和逼迫人们去思考，去更高效地利用资源，找到最具创意且最具经济效益的解决办法。

我们应该记住，如今的世界易变、复杂且模糊，时刻充满着不确定性，我们要面对的是人对更高质量的产品、更优质的服务的持续不断的追求，而资源永远都是有限的，要想调和这种矛盾，就必须用更少的资源创造更多的价值。[12]

亚马逊倡导节约，将其定义为"用最少的资源做最多的事，要开源节流，要自给自足，要创造发明"。增加人员和增加预算支出是不明智的。规则是好的，但如何将其付诸实践呢？实际上，亚马逊从家得宝（Home Depot）买了便宜的门板，钉上四条腿来当桌子用。从人体工程学角度来说，这些门板绝对不舒服，但如果一位新员工想知道为什么要用一张临时凑合的桌子，他会得到同样的答案："我们尽一切努力省钱，以最低的成本生产最好的产品。"

亚马逊的一些价值观比较抽象，比如"深潜"。该标准鼓励领导深入基层，体验各级工作，解决各个方面的细节，当指标与传闻不符时，增加审计频率，扩大调查范围。这是个好主意。但这样的思考如何嵌入文化呢？与此相关的是一条名为"开会时不带 PPT"的规则。在一个以 PPT 演示为标准的行业中，这一规则令人困惑。在亚马逊开会时，你应该准备一份简短的手写文件，说明你要展示的内容和立场。在会议开始时，大家先默读文件，然后在大家熟悉当前话题背景信息的前提下进行小组讨论。宜家家居的创始人英格瓦·坎普拉德（Ingvar Kamprad）看到超市里一排排拔了毛的鸡肉时，思考起拔下来的鸡毛去了哪里。坎普拉德劝说农民不要丢掉鸡毛，低价卖给宜家用来填充棉被。

参考文献

[1] Dane E. Reconsidering the trade-off between expertise and flexibility：A cognitive entrenchment perspective[J]. Academy of Management Review，2010，35（4）：579-603.

[2] Shane S，Cable D. Network ties，reputation，and the financing of new ventures[J]. Management science，2002，48（3）：364-381.

[3] Miller D. An asymmetry‐based view of advantage：towards an attainable sustainability[J]. Strategic management journal，2003，24（10）：961-976.

[4] Barney J. Firm resources and sustained competitive advantage[J]. Journal of management，1991，17（1）：99-120.

[5] Teece D J，Pisano G，Shuen A. Dynamic capabilities and strategic management[J]. Strategic management journal，1997，18（7）：509-533.

[6] 方世建，黄明辉. 创业新组拼理论溯源、主要内容探析与未来研究展望 [J]. 外国经济与管理，2013，35（10）：2-12.

[7] Pfeffer J，Salancik G R. The external control of organizations：A resource dependence

perspective[M]. Stanford University Press，2003.

[8] Baker T，Nelson R E. Creating something from nothing：Resource construction through entrepreneurial bricolage[J]. Administrative science quarterly，2005，50（3）：329-366.

[9] Isaacson W. Steve Jobs：A biography[M]. Thorndike Press，2011.

[10] Zeschky M，Widenmayer B，Gassmann O. Frugal innovation in emerging markets[J]. Research-Technology Management，2011，54（4）：38-45.

[11] Hang C C，Chen J，Subramian A M. Developing disruptive products for emerging economies：Lessons from Asian cases[J]. Research-Technology Management，2010，53（4）：21-26.

[12] Radjou N，Prabhu J. Frugal Innovation：How to do more with less[M]. The Economist，2015.

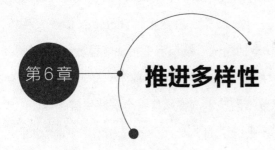

第6章　推进多样性

要从多元的角度寻找自己。

——埃丝特·佩瑞尔

🏆 6.1　英雄所见不同

6.1.1　趋同危机

通用汽车创始人及 CEO 阿尔弗雷德·斯隆（Alfred P. Sloan）在一次管理会议上说："我看到，所有人都完全同意这个决定了。那么，我建议我们将对这个问题的进一步讨论推迟到下次会议，以便大家有时间提出不同意见，那时大家可能会对这个决定的真正要点有更多的理解。"

血液检测公司 Theranos 曾是美国最热门的医疗保健投资公司之一。这家公司的创始人是伊丽莎白·霍姆斯（Elizabeth

Holmes），她 19 岁时从斯坦福大学辍学，随即创办了这家公司。2015 年 10 月，《纽约时报》将霍姆斯评为"五位改变世界的富有远见的科技企业家之一"，Theranos 公司市值为 90 亿美元，而霍姆斯被《时代》杂志评为"100 位最具影响力的人物之一"。投资者向这家公司投入了数亿美元。Theranos 似乎发明了一种医学测试，可以用一滴血进行几十种测试。戳一下手指就能检测出上百种疾病。不需要通过静脉抽血，不需要使用长针头，而且它的成本只是现有检测成本的一小部分。这似乎是一项令人难以置信的技术，将颠覆整个医疗保健领域。

"把验血变成一种低成本、容易甚至快乐的体验，而不是昂贵、耗时、可怕的过程，这让体检变得更容易，"《纽约时报》指出，"这样人们就能尽早确诊，有效预防或处理糖尿病、心脏病甚至癌症等多种疾病。"Theranos 似乎将成为硅谷下一个巨头。但是，《华尔街日报》调查记者约翰·卡雷鲁（John Carreyrou）不同意这种炒作："文章中有一些简短的关键段落让我思考，但我没有考虑太多。"有人向他通风报信："这家公司的秘密可能比我们看到的要多得多。"卡雷鲁开始调查 Theranos。2015 年 10 月 15 日，《华尔街日报》发表了他的文章。这份报告对 Theranos 公司测试设备的准确性提出了质疑，并透露 Theranos 公司甚至没有在测试中使用自己的技术。其员工承认，他们使用从其他公司购买的传统血液检测设备进行了大部分检测。"霍姆斯的大胆声明和黑色高领衫被拿来与苹果的联合创始人史蒂夫·乔布斯（Steve Jobs）相提并论，"卡雷鲁写道，"Theranos 一直在努力让人们对其技术的感受成为现实。"Theranos 很快就被诉讼缠身，多是指控该公司及其创始人在技术方面撒谎，数以万计的血液检查结果被废弃。

2016 年，《财富》杂志将霍姆斯评为"世界上最令人失望的领导人之一"。福布斯认为她的净资产为 0 美元。Theranos 曾以其严格保密而闻名。霍姆斯坚称，该公司必须在"隐形模式"下运作，以保护其技术。很少有人真正看到过这些数据，它的设备从未经过同行评审。由于这种模糊性，一些投资公司没有投资 Theranos。谷歌风投也考虑过投资，但发现"事情并不像看上去那么好"。

外部人士已经感到不对，但是公司内部的人呢？董事会呢？毕竟，他们有责任让公司走上正轨。《财富》杂志称："从公共服务的角度来看，Theranos打造了美国企业历史上最豪华的董事会之一。"这确实是一支前所未有的队伍。你很少看到一个董事会有这么多前政府部长、参议员和高级将领。但该团队也因缺乏多样性而闻名。Theranos 的十大董事中，有两位是白人男性，他们都出生于 1953 年之前，平均年龄为 76 岁。Theranos 的董事会不仅缺乏多样性，而且缺乏医学或生物技术方面的专业知识。团队中只有一名持牌医疗专家——前参议员比尔·弗里斯特，刚开始工作时，他是一名外科医生。79 岁的威廉·福奇（William Fauci）曾是顶尖的流行病学家，但几年前退休了。《财富》杂志（Fortune）编辑詹尼弗·雷因戈尔德（Jennifer Reingold）声称 Theranos 董事会缺乏专业知识："当然，如果能有一两个退休的政府官员来指导和领导，那是很好的，但现在有六个人，他们都没有任何医疗或技术方面的经验。人们不禁想知道他们如何融入 Theranos 的日常活动。" 雷因戈尔德认为不同背景的人在一起更好。她是对的。

　　另一份研究追踪了美国近 20 年来的 100 多家社区银行，揭示了一个类似的规律。与董事会成员中银行家较多的银行相比，董事会成员背景更广的银行更不容易倒闭。这些董事会的成员不但包括银行家，还有非营利组织人员、律师、医生、政府公务员、军官以及其他行业的人。尽管其中许多人的背景与银行业毫无关系，但这种专业经验的多元性拯救了银行。西班牙 IESE 商学院（IESE Business School）教授约翰·阿尔曼多兹（John Almandoz）采访了数十位美国银行董事会成员、首席执行官和创始人。他发现了三件事。第一件事是有银行背景的董事往往过于依赖自己的经验。接受采访的人一次又一次地用"繁文缛节"来形容银行家给董事会带来的东西。第二件事是过度自信。一位董事会成员解释道："如果董事会中有很多银行家，他们往往会多借一些钱，因为他们认为自己的背景和经验更好。""非银行家的董事往往更谨慎。"第三件事是缺乏建设性的争论。当没有银行专业知识的董事在董事会中占少数时，他们很难挑战专家的意见。一位首席执行官告诉研究人员，在一个有很多银行家的董事会会议上，"没有人想伤害任何人的面子，也没有人真的批评任何人，直到会议结束"。但在一个由更多非银行人士组成的董事会中，"当我们看到不喜欢的东西时，没有人害怕说出来"。

不可否认，缺乏多样性的团队带来了更多的认知约束问题。认知是危机和问题感知的基础，因为它影响董事解决挑战和应对危机的方式。[1] 现有的许多研究强调战略认知与认知图式（cognitive schemas）的重要性，它们有助于董事会成员做出决策和解释不确定的情况。认知图式是决策者基于信念和先验知识的透镜解释数据。[2] 因此，董事会解释危机迹象的成败取决于董事所经历的认知边界，了解这些认知边界或约束至关重要，因为它充当了决策者在真实环境与他们对环境感知的帷幕 [3]，认知约束影响董事的认知图式，使他们对环境只能进行选择性地解释。董事会层面的决策者往往无法理解迫在眉睫的危机，也无法通过他们的认知图式主动解释环境刺激，因为认知约束塑造了个人行为和组织行为的边界。

亚历山德罗·梅伦迪诺（Alessandro Merendino）等人研究了阻碍公司董事认知图式激活的三类因素，它们分别是个体约束、集体约束、混合约束，并详细总结了执行董事和独立董事在面临组织内外部危机时阻碍认知图式的具体原因，我们在图 6-1 中对这些影响因素进行了总结和罗列。

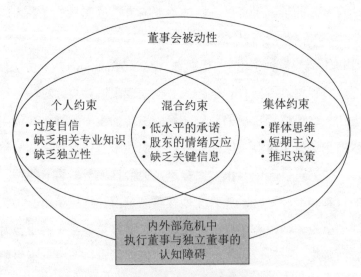

图 6-1　影响董事认知图式的因素 [4]

个人约束阻碍认知图式的因素包括董事过度自信、缺乏适当的专业知识、缺乏独立性。过度自信是高估自己的判断和预测的准确性、精确度的倾向。[5]例如许多组织 "有两三个年长的、更聪明的董事会成员参与了谈判……这是年长成员的信心表现，年轻一代不能过多干预"。相关研究证据表明董事并不总是能够承担这个角色或准备好解决危机，他们在采取行动之前浪费了大量的时间。缺乏正式的独立性是指董事无法做出与更广泛的利益相关者的关注和评估相一致的战略决策。一些董事貌似在公司规定上是独立的，但实际上并非如此，他们倾向于将个人利益放在首位。同时，缺乏这种独立思考的能力也导致对危机的反应缓慢且被动。

集体约束阻碍认知图式的因素包括群体思维、只注重短期效益的短期主义和由低估危机产生的推迟决策。研究者在董事会内发现了趋同的群体思维和避免冲突行为的明确证据，避免冲突以及对 CEO 缺乏批判态度是群体思维的一部分，被统称为认知偏差。[6]缺乏多样性会放大群体思维，这会导致董事在面对危机时采取低效甚至无效的行为。对危机根源的低估与对环境刺激的低有效反应有关。董事通常会低估危机的根源，这可能是因为没有明确的战略。这表明董事对即将到来的危机的有限感知是由于低估其迹象，而这反过来又无法触发他们的认知图式。董事们无法建立有意义的框架，从而无法产生创造性和创新的解决方案。[7]由于缺乏对危机根源的正确评估，董事会往往保持被动[8]，并且在危机升级之前拒绝进行任何战略决策。同时，由于董事低估了危机的复杂性和持久性，他们会一再推迟进行重要决策，即使危机的根源已逐渐变得明显。董事会还倾向于保留旧的商业模式并推迟做出重大战略变革的决定。他们宁愿等待，结果危机升级，不得不在相当大的压力下做出决定。董事倾向于拖延，无法收集更多信息或评估替代解决方案，因为他们的认知图式没有被触发。这种延迟是一种错误形式，被认为会导致董事会被动或产生惰性[9]，因为董事无法利用他们的知识、信念和假设来解释危机的迹象。与此同时，董事会的短视主义也会加剧危机，他们主要关注短期的证据，因为他们倾向于做出决定以提高即时结果，在感到有压力时以短期结果解决危机。由于董事们的短视主义，他们无法建构正确的意义框架来理解如何解决危机[10]，而在这个过程中，他们将继续高估自己的能力和成功的机会，形成恶性循环。

混合约束阻碍认知图式的因素包括低水平的承诺、股东的情绪反应和缺乏关键信息。董事会对公司的承诺程度低。承诺是一个关系过程，它随着个人感知的关系环境而发展。[11]尽管董事会对公司的承诺无疑是最大限度减少危机影响的重要因素，但有明确的证据表明，一些董事并没有真正关心董事会的事务。管理层和市场主管部门都清楚即将到来的危机，然而，由于董事们繁忙的议程和对危机的低优先级考虑，董事会仍然是盲目的。当董事会试图解释和评估危机的根源时，不那么敬业的董事可能会构成障碍。结果，由于对董事会的承诺如此之低，董事们没有投入时间和精力对危机进行足够了解。同时，股东通常对公司和行业的运作方式没有很好的了解。因此，董事会中大股东的存在也可能导致对即将到来的危机视而不见。这些大股东的信念，以及他们在公司的经济利益，可能会导致情绪反应，从而降低董事会识别即将到来的危机迹象的能力。他们与曾经非常成功的公司的情感联系使他们对现实视而不见。因此，董事会中占主导地位的大股东可能会使独立董事难以真实表达他们的担忧，尤其是在危机期间。情感信念会刺激产生有偏见的解释，这可以解释为什么董事倾向于坚持旧的商业模式和以前做出的决定。因此，股东的情绪反应会干扰董事的推论或认知结构，导致董事会被动且反应迟钝。[12]另外，缺乏关键信息是董事会被动或延迟发现危机的另一个原因。这是指与董事共享的信息缺乏清晰度和准确性。组织中时常会存在一种这样的现象：为了避免董事会提出棘手的问题，首席执行官操纵了提交给独立董事的信息。由于被 CEO 阻止，所以高管们无法进入董事会"吹哨"。

6.1.2 "冲突"的集体智慧

非主导的专家董事会表现得像多样化的团队。董事们互相争论，互相质疑对方的决定。他们认为没有什么是理所当然的，很多"显而易见"的事情也必须说清楚并加以辩论。会议室里有摩擦，有冲突，这并不容易。阿尔曼多兹教授告诉我们："业余爱好者很天真，他们可以问一些专家认为理所当然的问题。"

在很大程度上，多元化之所以有好处，并不是因为外部人士会给会议带来新的、独特的想法，而是因为它会让团队变得更加可疑。这将确保团队不会太顺利地一起工作，也不会太容易达成一致。这在复杂、紧密耦合的系统中是很重要的，在这些系统中很容易错过重大威胁的线索，并犯下失控的错误。多样性就像一个减速器，会让我们离开自己的舒适区，让我们很难在没有思考的情况下快速做出决定，这反而拯救了我们。

社会心理学家萨缪尔·萨默斯（Samuel Sommers）进行了一系列模拟审判。在审判中，陪审团会对性侵犯案件中的证据进行辩论和评估。一些陪审团都是白人，而另一些则是种族更多样化的。几乎在每一项重要指标上，种族混合的陪审团都比种族相同的陪审团表现得更好：他们对证据做出了更多潜在的解释，他们能更准确地记住案件信息，他们的思考更加严谨和执着。同质群体具有共同的种族背景，或性别相同，或具有特定的世界观，如政治观点相同的一群人往往会在短时间内做出决定。他们很早就决定了最有可能发生的事情，并且不愿意花精力去质疑他们的假设，因为在场的每个人似乎都对解释的大致轮廓达成了一致。

但萨默斯发现，仅仅是陪审团中有非白人陪审员的存在，就会导致白人陪审员对案件的可能性进行更多的思考和解读。换句话说，多视角有助于群体构建更准确的认知地图。

在认知上，一些群体成员是核心，也就是说，他们对自己的了解也被群体中的许多其他成员所掌握。认知中心的成员知道什么，其他成员也知道。因此，在认知层面的群体中心成员被定义为与所有或大部分群体成员共享信息的人。相比之下，其他群体成员处于认知边缘，他们的信息是唯一的。他们知道的是别人不知道的，他们知道的可能是真正重要的事情。因此，运作良好的群体需要利用认知边缘成员的智力，他们特别重要。但在大多数小组中，认知中心的成员对讨论有重大影响。相比之下，认知边缘的成员在讨论中几乎没有影响，往往对群体不利。在面对面的群体会议中，温和的气氛往往会让人产生一种下意识的反应——达成共识。因此，认知边缘的成员会对是否分享自己的信息感到犹豫，担心自己破坏和谐的气氛或被认为是边缘人。但是，如果群体决策过程的设计不是为了捕捉这些关键的、未共享的信息，那么其优势就会消失殆尽。

迈阿密大学的一组心理学家进行了一项神秘谋杀实验，他们招募大学生参与一系列模拟调查，其中涉及三个人。研究小组为对照组提供了正确识别凶手的所有相关线索，这个小组的每个成员都能获得破案所需的所有信息。不出所料，这些小组的结果更好，70% 的情况下找到了真正的杀手。而在其他小组中，引入了"隐藏信息"：每个成员持有一个关于嫌疑人的非共享信息，即其他组成员不知道的信息。小组的侦查技能直线下降：他们找到真正凶手的概率只有33% 左右。因此，在决策的收集信息阶段，最好的方法不是召开团队会议，而是进行一对一的访谈，这样群体认知中心成员的影响就消失了。另外，根据参与者的知识为其分配"专家角色"也可以提高群体观点的多样性。当小组成员被明确告知他们掌握了嫌疑人的信息，他们是专家时，破案的可能性几乎和拥有所有线索的对照组一样高。

这就告诉我们，通过微妙地改变决策制定的群体动态，让参与者有权分享他们的独特观点而不是寻求共享信息的共同点，对提升群体决策质量是非常关键的。在这里，我们形象地展示了一个矩阵。我们把这个矩阵称为"问题空间"，并假设图中的矩阵代表有用的见解、观点、经验和思维方式。如果问题足够简单，那么一个人就可能掌握全部的信息，这时候就不需要多样性了。但如果面对的是复杂问题，没有一个人可以掌握全部的相关信息，最聪明的人也只能掌握部分的知识，用圆圈标识这个聪明人，取名为成员 A，他确实知道得很多，但不可能知道一切，如图 6-2 所示。图 6-3 展示了同质化的潜在风险。当一群思考方式相似的人聚集在一起的时候，他们每个人都很聪明，每个人的知识都很丰富，但他们存在同质化，所知和所感非常相似，这就是马修·萨伊德（Matthew Syed）提出的"克隆人团队"。对于任何一个团队而言，第一步要做的不是更多地了解问题本身，也不是深入探索问题的各个方面，而是应该退后一步，问问自己：集体智慧的短板在哪里？我们会不会陷入同质化的盲区？图 6-4 展示的是多样性团队，团队拥有更高的集体智慧，也许他们每个个体都不如前面的那些人聪明，但他们在问题空间的覆盖面上要更为广泛，当我们遇到复杂问题时，与思维方式不同的人合作非常重要。

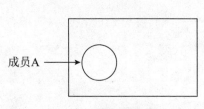

图 6-2　有智慧的个体

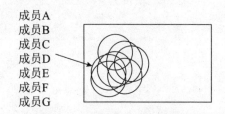

图 6-3　不具备集体智慧的团队

成功的团队是多样化的，但这种多样化并非任意打造的。只有多样性与问题相关时，才能帮助集体智慧形成，关键是要找到既密切相关又能带来协同的人。否则，我们的团队虽然多样，但不具备集体智慧，如图 6-5 所示。

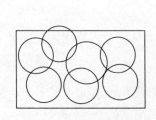

图 6-4　具备集体智慧的团队

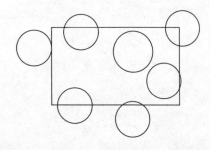

图 6-5　多元化但不具备集体智慧的团队

在多样性团队中，领导者的作用不可忽视。图 6-6 中是一个多样性的团队，覆盖了问题空间的很大一部分区域，然而，由于带队的是一名控制型领导者，团队成员不敢说出自己的真实想法，而是取悦和迎合领导者，这个团队就失去了多样性。团队成员都往移向领导者的位置，重复他的观点，并在这个过程中缩小了自己的覆盖面。这个团队就在领导者影响下被改造成了克隆人团队，如

图 6-7 所示。

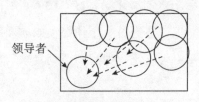

图 6-6　统治型多样性团队

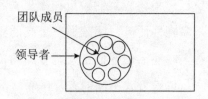

图 6-7　迎合领导者意见的团队

21 世纪初的某一天，在加州的山景城——一个被称为硅谷心脏的神奇地方——谷歌迎来了新的一天。你可能会认为谷歌员工会匆忙地把车停好，然后冲出停车场，坐在办公桌前准备征服世界。事实上，谷歌的停车场成了一场激烈的曲棍球比赛的场地。在比赛中，没有一个球员胆怯，每个人都竭尽所能。曲棍球棒互相猛烈撞击，球场内外的喊声震耳欲聋。一些球员倒下了，要么是因为他们太累了，要么是因为有人在碰撞中把他们推倒了。最勇敢的运动员赢得了观众的欢呼。当谷歌创始人拉里·佩奇和谢尔盖·布林上场时，用一位同事的话来说："这是真正的正面交锋。"除了那些必须先去医务室的人，其他汗流浃背的谷歌员工们直到比赛结束才走进办公室。

你可能会想，以这种奇怪的方式开始新的一天，或许是因为谷歌的领导者希望用体育来激励员工工作。但在谷歌的办公室里，尽管溜冰鞋和曲棍球棒都收起来了，"游戏"还是一样激烈。在会议上，他们对彼此大喊大叫，并不在乎同事是否敏感。在这里，如果你听到有人说一个想法"愚蠢"或说一个同事"幼稚"，不要感到惊讶。他们习惯了各种责骂。这种管理风格肯定不是任何公司都能效仿的"最佳实践"。但无论这个例子有多极端，它都是一个很好的启发：要做出好的决定，你确实需要经历一些冲突和不快。然而，许多公司因为害怕不和谐而避免冲突。

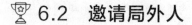 6.2　邀请局外人

当局者迷，旁观者清

1989 年 1 月 8 日，米德兰航空公司（Midland Airline）92 号航班从伦敦飞往贝尔法斯特。起飞后不久，飞行员注意到其中一个引擎着火了。根据标准操作程序，他关闭了引擎。这本来可以解决问题，但飞行员意外关闭了完好无损的引擎，导致飞机在空中失去了所有动力。当他通过空中广播系统告知机舱右侧的引擎有问题时，机组人员和乘客都能清楚地看到是左侧的引擎着火了。他们在机舱可以看到飞行员在驾驶舱里看不到的东西，但没有人敢说出来。不久之后，飞机撞上了 M1 高速公路上的路堤。47 人死亡，74 人受了重伤。其实，那些站在边缘的人通常看得更清楚。

19 世纪 60 年代，法国的丝绸工业受到了一种感染性蚕疾病的威胁。化学家让 - 巴蒂斯特・安德烈・杜马（Jean-Baptiste André Dumas）让他的学生路易斯・巴斯德（Louis Pasteur）来解决这个问题。巴斯德犹豫了。"我从来没有治疗过蚕！"他抗议道。杜马回答说："这样更好。"我们大多数人不会像杜马那样做，而是本能地排斥外行的观点，我们总是认为，外行不知道自己在说什么，他们没有参加过相关的会议，他们没有必要的背景，他们不适合解决专业问题。然而，正是由于这些原因，局外人的观点才有价值。

局内人的身份或薪水可能取决于现状，而局外人与现状之间没有利害关系，而且局内人很容易受到传统观念的裹挟。让我们来看看大陆漂移地质学理论的例子吧。该理论认为，大陆原本是一个整体，但随着时间的推移逐渐分裂并漂移。大陆漂移的想法是气象学家阿尔弗雷德・魏格纳（Alfred Wegener）提出的，他与地质学毫无关系。地质学家最初宣称大陆漂移理论是荒谬的，他们坚定地认为大陆是稳定的，不会移动。地质学家托马斯・克劳德尔・张伯伦（Thomas

Chrowder Chamberlin）这样总结地质学内部人士的集体情绪："如果我们相信魏格纳的假设，就必须忘记在过去 70 年我们所学到的一切，从头开始。"魏格纳的理论颠覆了业内人士的地质学根基，所以他们死守这个理论。当约翰内斯·开普勒（Johannes Kepler）发现行星围绕椭圆轨道而不是圆形轨道运行时，伽利略开始犹豫。天体物理学家马里奥·利维奥（Mario Livio）说："伽利略仍然囿于古老的美学理想，即行星的轨道必须完全对称。"

礼来公司（Eli Lilly）战略部副总裁阿菲斯·宾厄姆（Alpheus Bingham）邀请外部人士成立了一家名为 InnoCentive 的公司，寻找各行各业的"局外人"，出钱发布"挑战信息"，并向解决者提供丰厚奖金。1/3 以上的问题得到了完美解决。InnoCentive 重新确定问题，以吸引来自不同行业的解决者。一个挑战不仅会引起科学家的注意，还会引起律师、牙医、机械工程师的注意，而且更有可能得到好的解决方案。宾厄姆将这种思维方式称为"邀请局外人"：远离围绕问题本身的专业培训，从与问题无关的其他经验中寻找答案。

如今的专家越来越狭隘，过度专业化，内部人士似乎拥有所有的培训方法和资源，但却难以找到解决方案，而外部人士则从零开始，直接看到解决方案。哈佛大学创新科学实验室的联合主任卡里姆·拉克尼（Karim Lakhani）发现："问题离解决者的专业知识越远，他们解决问题的可能性就越大。"让局外人解决问题可能看起来很牵强，但当他们重新分析问题时，往往会取得突破，并获得重大创新成果。

局外人能够破坏局内人原本建构的意义，帮助局内人转变曾经熟悉的参考点，通过持续地提问或者挑战来帮助局内人理解并远离他们所在的位置困境，通过这样的努力在空间中找到平衡的地方，以解释"将其作为一个假设"和"在那一刻醒来"的交叉点，我们将这种循环模式形象化地描绘了出来，如图 6-8 所示。

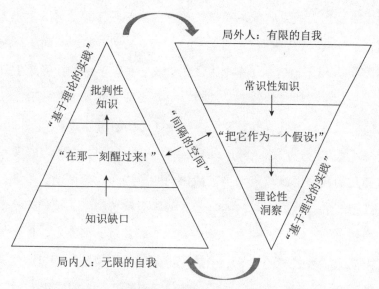

图 6-8　局内人－局外人之间的互动联系 [13]

🏆 6.3　不可错过的 T 型人才

拓展集体智慧

专业化的道路再明显不过了：一直往前走。如果你正在处理定义明确、理解透彻的问题，高度专业化的人可以做得很好。但随着模糊性和不确定性的增加，广度变得更加重要。我们大多数人不太可能成为商业大师，同时处理多项任务。我们倾向于专注于自己仔细研究过的专业领域。通常，这种专业化对我们的职业生涯和我们的组织都有好处。但是，对于组织来说，确保充分接触到各种各样的创新想法的最好方法之一，可能是拥有一个来自不同学科、背景的专家。然而，要充分利用学科背景的多样性，找到整合不同想法的新途径，就需要人们能够跨越学科边界，整理不同领域的想法并建立联系。越来越多的组织认识到工作角色的复杂性以及"跨学科专业人员"为创新工作带来的价值。

有史以来最伟大的发明家、科学家和企业家都是 T 型人才。T 型人才意味着既具备特定领域内的"纵向"专业性知识深度，又拥有跨越不同学科的"横向"知识广度，图6-9形象地展示了 T 型人才的含义。达芬奇、牛顿、爱迪生、特斯拉、爱因斯坦、亨利·福特、詹姆斯·沃森、史蒂夫·乔布斯，都极其善于发现各个领域之间的联系，为组织带去多样性。在《连续创新》（*Serial Innovators*）一书的末尾，艾比·格里芬（Abbie Griffin）为人力资源经理们提供了一些建议。一些老牌企业的人力资源政策为员工提供的职位描述如此清晰、专业，以至于潜在的连续创新者"就像方孔里的钉子"一样被筛选掉了。他们广泛的兴趣并不一定完全符合一个单一的标准。他们是"T 型甚至 π 型人"，他们拥有广泛的兴趣，发展出各种各样的爱好。虽然死记硬背的招聘条件可以产生高度重复的努力结果，但实际上它排除了许多具有高度创造性潜力的候选人。

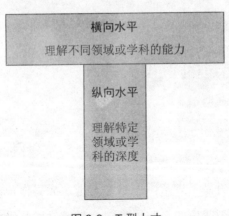

图 6-9　T 型人才

　　例如，弗莱明就是一位 T 型人才。他的实验室就像艺术家的工作室一样杂乱，到处都是培养皿和微生物。弗莱明发现青霉素纯属偶然，当时，他正在寻找一种可以用于绘画的元素。有一次，他往培养皿里滴鼻涕，想看看会发生什么。一种新的颜色？新细菌？他发现鼻涕能杀死细菌。这个机会让他发现了溶菌酶，这是一种完全由人体产生的抗生素。这一发现革命性地改变了医学界。在弗莱明之前，许多科学家在培养皿中发现了青霉素，但认为这是一个错误，并把它扔掉了。弗莱明是一位疯狂的水彩画画家。他用不同寻常的材料作画，用细菌来画舞者、建筑或其他主题。他在培养皿中装满琼脂，根据不同的颜色添加不同的微生物，并把它们放在不同的地方，了解它们长大后的样子。弗莱明不像其他科学家收集细菌是出于实际用途，他收集细菌是因为它们具有艺术价值。

引入 T 型人才非常有益于组织的发展。这种"T 型"被描述为一种认知技能，因为 T 型人才不仅具有学科专长，而且具备足够广泛的知识，可以与其他学科的专家联系和互动。[14] 例如，成功的设计师需要深厚的技能，在发散、综合的过程中，构成设计思维。但同样，他们也需要"移情"，这让他们能与成功的设计和创新背后的众多学科一起学习和工作。在组织中，这种 T 型人才不仅能自己结合跨领域知识进行创造，而且能够与其他专家进行有意义地交流 [15]，这促进了不同部门间知识的互动，扩展了组织的知识网络。

科学家与普通大众在艺术方面有爱好的可能性是相等的，但那些进入高级科学学院的人更有可能在他们的职业之外发展爱好。诺贝尔奖得主成为商业演员、舞者、魔术师或其他类型的表演者的可能性至少是其他科学家的 22 倍。著名的科学家比其他科学家更有可能成为音乐家、雕塑家、画家、木匠、机械师、电子修理师、诗人、虚构和非虚构作家。在他们的领域最成功的专家和学者也属于更广阔的世界。

皮克斯动画工作室将高技术的计算机图形世界与高创造力的电影动画世界融合在一起。它这样做是因为它的所有员工——软件工程师、技术动画师、编辑或导演——自发地将这两个世界连接了起来。在皮克斯，软件工程师可能对艺术感兴趣，甚至接受过这方面的培训，而艺术家可能对计算机图形学有很多了解。联合创始人兼首席执行官艾德文·卡特姆（Edwin Catmull）就是其中的代表。虽然他获得了计算机科学博士学位，但他从小就想成为一名电影动画师。

6.4 不可忽视的外部视角

6.4.1 引入外部视角

宝洁消费者研究主管保罗·史密斯（Paul Smith）通过转变观点，带领团队得到了不同的发现。在消费品市场（如纸巾、洗洁精或牙膏市场），许多跨国公司为争夺市场份额而激烈竞争。在技术层面上，竞争对手对彼此产品的了解达到了难以想象的程度。例如，宝洁实验室对纸巾进行的一些科学测试包括：卡尺测量，即在一定的压力条件下用千分尺来测量纸张的厚度，单位为千分之一英寸。进行吸收试验，即使纸的中心在固定的时间内与水池接触，以克／秒来测量吸水速度。进行拉伸强度测试，即将纸巾放在夹钳上，从两端用力拉至纸巾撕裂。测量一下每平方英寸需要多少克的力才能把纸撕开。

通过在实验室进行这些测试，或者像宝洁开玩笑的那样，在其"纸巾酷刑室"进行这些测试，研究人员可以确定竞争对手产品的优势和劣势。但史密斯认为，这些数字的准确性可能会掩盖宝洁对产品的真正理解。你真的知道你的竞争对手的纸巾的抗张力强度吗？考虑到这一点，史密斯决定为他的同事安排一个特写镜头。他开始把竞争对手的产品放在办公室里：纸巾、卫生纸和面巾纸。

史密斯说："我们在一年的时间里收集了成千上万的消费者反馈，但我希望员工能够亲身体验竞争对手的产品到底是好是坏。"典型的营销人员会想，"我在这里工作了三年，我认为我们的产品是有史以来最好的"。你当然会这么想，因为这是你的产品。但如果你自己尝试使用竞争对手的产品，你会得到不同的想法。结果，竞争对手的产品受到了同事们的热烈欢迎，一开始势均力敌的局面完全变了，史密斯是这样描述的："多么糟糕的局面！他们的产品比我想象的要好得多。""我真的很惊讶，"一位品牌经理表示，"我比我想象的更喜欢另一个品牌！我认为我不必太担心，但事实并非如此。"其他人也发现了外部视角的竞争优势。例如，帮庭（Bounty）团队的一名成员说："我洗了手，用另一种纸巾擦水池，但这只会让水池变得更糟。我必须用两张纸迅速完成。"因此,营销人员开始思考如何在广告中突出帮庭公司的优势。通过外部视角,将自己假想为局外人——史密斯帮助他们发现了隐藏在数字中的细微差别。

6.4.2 平衡细节与全局

培养整体思维和拥有关注细节的能力同样重要,但不得不承认,这两者是相互矛盾的,强调整体,很容易忽视一些细节,而关注细节,很容易沉浸于细枝末节之中无法自拔。心理学家丹尼尔·卡尼曼(Daniel Kahneman)和阿莫斯·特沃斯基(Amos Tversky)提出,当我们狭隘地根据眼前某一特定物体的细节做出判断时,我们采用了一种"内部视角"。一个人考虑的内部细节越多,他的判断就越极端。在一项著名的研究中,研究对象更倾向于选择"死于心脏病、癌症或其他原因",而不是"死于自然原因"。把注意力集中在手头问题的许多细节上,感觉像是正确的做法,但这往往是完全错误的。我们需要一种能对两者进行兼顾的平衡能力。

如果企业在内部敌人身上投入过多的精力,就会放松对外部威胁的防御。在 2012 年 8 月出版的《名利场》杂志上,库尔特·艾肯沃尔德(Kurt Eichenwald)引用了微软公司的例子,该公司使用"员工排名"来体现每位员工的表现。艾肯沃尔德写道:"我采访过的每一位现任和前任微软员工——他们中的每一个人——都认为员工排名是微软内部流程中最具破坏性的部分,并因此导致大量员工离开微软。"一位前微软软件开发人员表示:"如果你在一个十人的团队中,你在第一天就会知道,尽管团队中的每个人都表现良好,但总会有两个人获得好评,七个人获得一般评价,还有一个人获得差评。""这会导致员工之间的内讧,而不是与其他公司竞争。"

如果公司让员工首先考虑同事之间的竞争,而不是如何争取用户和潜在用户,他们就会陷入大麻烦。如果公司太过专注于与竞争对于抢客户,他们就会放弃打造独特的价值或出色的体验,并采用最糟糕的标准:价格。价格并不是规避竞争压力的避风港。在无情的价格战中，每个人都是脆弱的，包括过去的创新者和今天的玩家，因为价格不认识品牌，它对任何群体、公司或历史时期都没有忠诚。

2001年9月11日，瑞士军刀制造商维氏（Victorinox）的生意受到了打击，因为9·11事件后，瑞士军刀被禁止随身携带。维氏认为这不是一个威胁，而是一个机会，公司没有采取极端的成本削减和裁员，而是通过创新增加新产品的开发。维氏在生意好的时候就建立了现金储备，因为他们知道未来可能会有更艰难的时期。正如该公司首席执行官卡尔·埃尔森（Carl Elsener）所言："如果你回顾世界经济的历史，就会发现情况一直如此。过去是，将来也是。经济不可能只上升，也不可能只下降。它会起起落落……我们考虑的不是季度，而是持久性。"9·11事件之后，维氏变得更强大了。维氏的刀具曾占销售额的95%，仅瑞士军刀就占80%。如今，瑞士军刀仅占总收入的35%，而旅行装备、手表和香水的销售额自9·11事件以来几乎翻了一番。维氏不是一家稳定的公司，而是一家韧性很强的公司。

🏆 6.5 一切并非显而易见

世界远比想象中复杂

推进多样性的原因正是世界的复杂性。你以为，知道了"1"的意思，就会知道"2"的意思，因为1+1=2，但别忘了你也必须知道"加"的意思。可以单独工作的元素组合在一起时可能会发生冲突。这就是复杂科学所说的，系统可能产生不同于单个元素的效果。这是一种反化约主义（anti-reductionism）的体现，化约主义认为个体线性加总就得到了总体，而总体分解就是个体。而按照复杂理论的观点，个体加总不会等于总体，而总体分解也不等于个体。因为个体在整合的过程中会通过互动形成关系网络，进而导致整个网络结构和网络内个体行为的共同演化，"涌现"出完全不同的模式和性质。为什么组织需要理解这种复杂系统思维？因为在由个体加总形成整体的过程中会"涌现"出一些新的元素，为了防止组织因为这种"涌现"产生巨大的结构变革而失去秩序，组织管理者需要理解这种涌现现象，从而对组织进行管理。

复杂理论包含四个核心的概念，分别是初始环境、远离均衡状态、偏差放大、细分状态。社会学家马克·格兰诺维特（Mark Granovetter）用一个非常简单的数学模型强调了复杂系统的特点。这个模型描述了一群处于暴乱边缘的人。假设 100 名学生聚集在 A 镇的一个广场，抗议政府增加学费。学生们对新政策感到愤怒，对自己在政治政策中微不足道的作用感到沮丧。局势有失控的危险，但这些学生受过教育，懂得理智和对话胜于暴力。为了简化问题，假设人群中的每个人都在两种本能之间左右摇摆：一种是加入暴乱，另一种是保持冷静与和平抗议。无论他们是否意识到这一点，每个人都必须在两者之间做出选择。他们不能独立地做决定，至少在某种程度上是这样，而且他们的行为会受到他人行为的影响。参与的人越多，他们就越有可能被当局认真对待，而每个人被抓住和惩罚的可能性就越小。因此，在保持冷静和加入暴乱之间的选择取决于一个普遍的规则：加入暴乱的人越多，加入暴乱的可能性就越大。

当然，这 100 名学生的暴力倾向各不相同。也许那些生活更好或受新政策影响较小的人不太愿意冒着坐牢的风险来抗议。其他人认为暴力虽然不受欢迎，但却是一种有效的政治工具。对于那些已经对警察、政客或社会不满的人来说，这是一个入口。无论原因是什么，我们可以假设这个群体中的每个人都有一个应对社会影响的"阈值"。如果超过了这个"阈值"，就会有足够多的人加入暴乱。但如果低于这个阈值，他们就会退缩。有些人的阈值很低，而有些人的阈值很高，比如学生会主席。每个人都有一个应对社会影响的阈值，一旦超过这个阈值，他们就会从平静跳转到暴力。虽然该方法描述的个人行为很粗糙，但使用单个阈值来描述人群个人行为的优势在于通过研究阈值分布就可以理解一部分的群休行为。

格兰诺维特提出了一个非常简单的阈值分布，100 个学生有不同的阈值。一个人的阈值为0，一个人的阈值为1，一个人的阈值为2，以此类推。最保守的人的阈值是99，这意味着只有在其他99人加入的情况下，他才会加入暴乱。那么，在城市广场会发生什么？首先，阈值为0的人会突然开始砸东西，然后阈值为1的人会加入，这两个会触发阈值为2的人，然后阈值为3的人会加入……你可以看到，这种特定的阈值分布导致人们加入一个又一个暴乱，最终爆发大规模暴乱。

想象有100名学生在B镇出于同样的原因聚集，假设他们的阈值分布基本上是一样的，两组学生非常相似，只有一个微小的差别：B镇里的100名学生中，没有人的阈值是3，而有两个人的阈值是4。在外人看来，差别太小，根本看不出来，只有我们自己知道这两组的区别。除此之外，没有实用的心理测试或模型可以检测出两组学生之间的差异。那么，在B镇会发生什么？开始是一样的。首先，阈值为0的人突然出现，其次是阈值为1和阈值为2的人。最后发生了一些事情，B镇没有阈值为3的人，只有两个阈值为4的人，所以B镇只有三个暴徒，所以潜在的暴乱突然停止了。

现在想象一下这两个城镇的人们之后会看到什么。在A镇，他们将目睹一场全面暴乱：商店玻璃被砸碎，汽车被掀翻等。在B镇，他们会看到几个脾气暴躁的人在井然有序的人群中推挤。如果观察家们决定做事后诸葛亮，他们肯定会试图找出两个城镇之间的人和环境的差异。有些人会认为A镇的学生比B镇的学生更愤怒；有些人会认为A镇的商店没有得到很好的保护，或者警察很残忍，或者在人群中有一个挑衅性的领导人。显然，这些解释并没有揭示真正的原因，我们都知道，除了一个人的阈值之外，两组学生和两个城镇的环境并没有什么不同。

格兰诺维特模型告诉我们，为了理解不同结果是如何发生的，我们必须考虑个体之间的互动，简单地用具有代表性的个体来代替群体行为，会忽略正在发生的事情的本质。在未知的背后，一些微不足道的小调整和变动正在不断积累和放大，最终导致了根本的变革和彻底的变化。而很多时候，我们是无法发现和注意到它们的。[16]多样性的组织能够包容不稳定和多元力量，从而给予我们机会，让我们能够尽可能地接近复杂系统的真实面貌，尽管我们可能无法实现完全了解。

请牢记，人类的认知能力终归是有限的。计算机科学家丹尼尔·希利斯（Daniel Hillis）认为，我们的世界已经从"启蒙"（enlightenment）转向了"纠缠"（entanglement），至少技术领域肯定如此："技术已经变得如此复杂，以致我们无法完全理解它，也无法完全控制它。我们已经进入了'纠缠时代'……每个专家都只了解难题的片段，却无法把握难题的整体。"这就是组织推动多样性的意义所在。

参考文献

[1] Antes A L，Mumford M D. Strategies for leader cognition：Viewing the glass "half full" and "half empty" [J]. The Leadership Quarterly，2012，23（3）：425-442.

[2] Combe I A，Rudd J M，Leeflang P S H，et al. Antecedents to strategic flexibility：Management cognition，firm resources and strategic options[J]. European Journal of Marketing，2012.

[3] Samdanis M，Lee S H. Uncertainty，strategic sensemaking and organisational failure in the art market：What went wrong with LVMH's investment in Phillips auctioneers?[J]. Journal of Business Research，2019，98：475-488.

[4] Merendino A，Sarens G. Crisis? What crisis? Exploring the cognitive constraints on boards of directors in times of uncertainty[J]. Journal of Business Research，2020，118：415-430.

[5] Almandoz J，Tilcsik A. When experts become liabilities：Domain experts on boards and organizational failure[J]. Academy of Management Journal，2016，59（4）：1124-1149.

[6] Torchia M，Calabrò A，Morner M. Board of directors' diversity，creativity，and cognitive conflict：The role of board members' interaction[J]. International Studies of Management & Organization，2015，45（1）：6-24.

[7] Gold J，Thorpe R，Mumford A. How leaders and managers learn[J]. Gower Handbook of Leadership and Management Development，2016：287-304.

[8] Mellahi K. The dynamics of boards of directors in failing organizations[J]. Long range planning，2005，38（3）：261-279.

[9] Combe I A，Carrington D J. Leaders' sensemaking under crises：Emerging cognitive consensus over time within management teams[J]. The Leadership Quarterly，2015，26（3）：307-322.

[10] Guiette A，Vandenbempt K. Exploring team mental model dynamics during strategic change implementation in professional service organizations. A sensemaking perspective[J]. European Management Journal，2013，31（6）：728-744.

[11] Burke T J，Segrin C. Bonded or stuck? Effects of personal and constraint commitment on loneliness and stress[J]. Personality and Individual Differences，2014，64：101-106.

[12] Raelin J D，Bondy K. Putting the good back in good corporate governance：The presence and problems of double‐layered agency theory[J]. Corporate Governance：An International Review，2013，21（5）：420-435.

[13] Yeo R，Dopson S. Getting lost to be found：the insider–outsider paradoxes in relational ethnography[J]. Qualitative research in organizations and management：an international journal，2018.

[14] Huang Y C，Chin Y C. Transforming collective knowledge into team intelligence：the role of collective teaching[J]. Journal of Knowledge Management，2018.

[15] Lee H，Choi B. Knowledge management enablers，processes，and organizational performance：An integrative view and empirical examination[J]. Journal of management information systems，2003，20（1）：179-228.

[16] Plowman D A，Baker L T，Beck T E，et al. Radical change accidentally：The emergence and amplification of small change[J]. Academy of management Journal，2007，50（3）：515-543.

打开成长空间

第7章

成长是生命存在唯一的证据。

——约翰·亨利·纽曼

 7.1　商业是无限游戏

7.1.1　不断跨越极限

只要有至少两个玩家,游戏就是有效的。但有两种博弈:
有限博弈和无限博弈。有限博弈的玩家都是已知的,他们制定
规则,达成一致的目标,一旦目标达成,游戏就结束了。在有
限博弈中,总有一个开始、一个中间和一个结束。相比之下,
无限游戏有已知的和未知的玩家,没有明确的或商定的规则。
无限游戏没有时间限制,没有终点。因为没有明确的终点,所
以也就没有所谓的"胜利"。在无限游戏中,玩家的主要目标
是继续玩下去,让游戏继续下去。

詹姆斯·卡斯（James Cass）1986年出版的《有限与无限游戏：哲学家对竞争世界的看法》（*Finite and Infinite Play：A Philosophers's View of the Competitive World*）一书。越使用有限和无限游戏的视角来看待我们的世界，就越能看到我们周围充斥着大量的无限游戏——没有终点、没有赢家的游戏。例如，在婚姻或友谊中没有赢家，我们可以在工作或晋升的竞争中击败其他人，但我们中没有人能声称自己是"职业第一"。各国可以在世界范围内竞争影响力或经济实力，但在全球政治中没有赢家。无论我们在生活中取得了多少成就，在我们死后，没有一个人能被称为"生活中的赢家"，而商业赢家肯定不存在。所有这些都是过程，而不是事件。

然而，许多管理者现在似乎不知道自己在玩什么游戏。他们总是在谈论"赢"，痴迷于"赢得竞争"，向世界宣告他们是"最好的"，他们的愿景是"做第一"。不幸的是，这些目标在没有终点的游戏中是不可能实现的。用有限的思维引导无限博弈会导致各种问题，最常见的是信任、合作和创新的减少。相反，用无限的思维引导无限的游戏，可以把我们引向更好的方向。拥有无限思维的团队比拥有有限思维的团队拥有更高的信任、协作和创新水平。

商业游戏正符合无限游戏的定义。在无限博弈中，没有一套每个人都同意的规则，所有的玩家都可以制定自己的策略和战术。商业游戏没有开头、中间或结尾。虽然许多人都同意在一个特定的时间框架（如一个季度或一年）内可以通过与其他玩家比较评估自己的表现，但这些时间框架只标记游戏过程中的点，而没有时间可以标记游戏的结束。商业游戏是没有尽头的。

当所有的企业都在玩一场没有赢家的游戏时，太多的管理者在为获胜而游戏。他们总是声称自己是"最好的"或"第一"。要想成为赢家，就必须有输家。有限思维的管理者想要打败所有其他玩家，他们制订的每一个计划，采取的每一个行动都是为了获胜。他们认为这是必须做的，但事实上，他们不必这样做，没有规则要求他们必须这样做，是他们的思维方式导致他们这样做。这会导致一系列问题，最突出的就是短视主义，在获取成功之后，许多组织痴迷于短期利润而忽视真正的长期价值创造。系统思维给予了我们一个整体理解事物的框架，一些错误的行为通常是由无形的压力引起的，并且行为的后果通常会直接反馈到原始问题当中。[1]我们选择性忽视了快速、"有效"地获利，损害了有弹性的长期价值创造。

无限游戏玩家的目的是继续游戏。在无限游戏中，游戏会持续下去，玩家会耗尽时间。在无限游戏中没有赢家或输家，当玩家缺乏参与的意志力时，他们就会退出游戏。这意味着，要想在无限的商业游戏中取得成功，我们必须停止思考获胜的问题，而是开始思考如何建立一个足够强大、足够健康的组织，在组织面临危机时，一次又一次跨越极限点，以在游戏中生存下来。

7.1.2 孕育成长型思维

卡斯告诉我们，有限游戏的玩家在玩游戏时心里总是带着一个最终目标，所以他们不喜欢惊喜，也害怕任何形式的混乱。他们不喜欢无法预测或控制的事情，因为这些可能会打乱他们的计划，增加失败的机会。无限游戏的玩家期待惊喜，甚至享受惊喜，随时准备迎接它们带来的变化，享受游戏带给他们的自由，拥抱游戏的可能性。他们所寻求的不是对已经发生的事情的回应，而是一种创新的方法。无限的视角解放了我们的思想，让我们专注于更大的愿景，而不是纠结于其他公司在做什么。

建立一个有韧性的企业与建立一个稳定的企业是不同的。稳定性，顾名思义，就是保持不变。一个建立在稳定基础上的企业无法理解无限游戏的本质，因为它可能没有准备好应对不可预测的情况，新技术、新竞争对手、新市场变化等都可能会在瞬间打乱他们的既定战略。一个拥有无限思维的管理者不仅想要一家能够经受外部变化的公司，而且想要一家能够适应外部变化的公司。他们希望建立一家能够接受惊喜、适应变化的公司。有韧性的公司在剧变前和剧变后看起来会非常不同，而且往往会感激这种变化。

在一个有限思维的组织中，几乎每个人都过于关注什么是紧急的，而不是什么是重要的。管理者本能地对已知的事物做出反应，而不是积极地探索或推进未知的可能性。有时，管理者会过于执着于他们的竞争对手在做什么，并错误地认为他们必须对竞争对手的每一个行动做出回应，以至于错过了许多对他们的组织更好的选择。虽然有些管理者有时会提到"愿景"或"长期"，但他们的演讲总是基于有限的主题，如地位、股票表现、市场份额和金钱。麦肯锡（McKinsey）的一项研究显示，自20世纪50年代以来，标准普尔500指数成份股公司的平均寿命已经从61年降至不到18年。耶鲁大学教授、麦肯锡董事理查德·福斯特（Richard Foster）表示，变革正"以前所未有的速度加速"。有限思维让组织更加脆弱，特别是外部环境不确定性骤增时，而无限游戏者才能搭上变革的列车，尽情驰骋。

🏆 7.2 探索相邻可能

7.2.1 创造本质就是重组

有时候创新不是创造全新的事物，而是把不同的事物关联起来合成新事物。如何组合决定了它们如何创造价值。相关研究表明，知识组合能力对产品和流程创新具有重大影响。[2]组合是将以前从未连接的元素组合在一起，或者是开发新方法来组合以前相关元素的过程。这种能力反映在能够抓住潜藏的新机会，促进个人和组织的创新，并在动态环境中战胜竞争对手。[3]我们通过混合策略能够实现"组合创新"，它最重要的部分在于不是基于对最初创造力的简单复制，而是考虑不同事物或产品的关键方面，并根据所追求目标对其进行调整。

1989年，迈克尔·埃迪森（Michael Eidson）参加了一场名为"Hotter'N Hell 100"的自行车比赛。比赛时自行车水壶架的设计和位置让他感到很难受，因为他不得不笨拙地弯下腰去抓住瓶子，一边打开瓶子一边喝水，再用同样笨拙的方法盖上瓶盖并重新把瓶子放回去。因此，他决定尽快解决这个问题。埃迪森是一名内科急救医生，他突发奇想将一个无菌静脉输液袋灌满水，把袋子塞进长筒袜，再把袜子固定在骑行服后的背包里，再将输液管连接输液袋，从背包里拉出到肩膀的位置用衣夹固定住。这就是驼峰（Camelbak）饮料背包的原型。

几个月内，埃迪森的背包就大受欢迎。他重新进行设计，让背包紧凑、轻便、稳定，最大限度地减少风的阻力。然后他开始向骑自行车的人出售，这款背包可以让他们在骑车时更容易、更有效地喝水。他们不再需要停下来，或者放慢速度找水瓶。今天，市场上有很多种类的户外饮水背包，都是为满足不同运动——包括长途徒步、自行车、滑雪等——的特定需求而设计的。不同的背包有自己的特性，如水袋的大小、背包容量、适合的身材，甚至还涉及到其他功能特性，如咬口阀开关和接管也可以根据不同需要进行选择。

埃迪森将他的急救医学背景和自行车经验结合起来，创造了一款新产品，迅速在自行车社区、其他运动和户外爱好者的运动员中流行起来。在第一次和第二次海湾战争以及阿富汗战争中，这款产品成了士兵在战斗中的"个人补水系统"的一部分。目前，超过 40% 的订单来自美国和其他国家政府。

这是一种资源编排理论的实践，资源编排理论强调通过有效编排，实现内外部资源合理配置，从而为组织创造持续竞争优势的过程 [4]，这种思想强调对内外部资源的反复利用以及重新编排与组合，进而创造新的产品和服务。一方面，个人和组织的知识基础是由特定结构关系的知识元素所构成的一种集合，元素之间可以重新编排和拆卸、组合；另一方面，知识本身就具有高度的延展性，这种重组的关系结构促进了不同领域知识元素的有机结合，从而形成了创新和价值创造的源泉。[5]

另一个例子是大家熟悉的尿布。尿布的出现可以追溯到 16 世纪 90 年代，通常由布料和一次性材料合成制成，这些材料包括多层纤维，如棉、麻、竹、超细纤维等，甚至可以是可清洗或再利用的塑料纤维，如 PLA 或 PU。纸尿裤出现得很早，但直到 1940 年，纸尿裤才发展成今天的样子并变得很方便。1946 年，一位名叫马里恩·多诺万（Marion Donovan）的妇女从浴室拿出塑料浴帘的一部分，在尿布上做了一个塑料罩。这就是我们今天所知道的尿布的原型。

后面故事中的一个关键人物是维克·米尔斯（Vic Mills），他曾是宝洁公司（Procter & Gamble）的化学工程师。事实上，他不仅为后来的帮宝适（Pampers）公司开发尿布，还参与了品客薯片（Pringles）、象牙香皂、邓肯海恩斯（Duncan Haines）蛋糕粉和其他一系列产品开发。他发现，用木头碎片填充尿布的塑料层可以提高尿布的吸收能力，而且还可以包裹污垢。这些碎片会以一种特殊的方式制作，以提高尿布的吸收能力，最好尽可能薄。事实上，这种制作方式和品客薯片的切法一模一样，这也是组织中的创新组合能力的体现。我们知道对于公司来说，创新过程往往需要进行大量的投资，正如众多研究和现实结果所强调的那样，创新是有风险的，但创新背后最核心的部分就是知识。知识组合能力可以帮助公司设计有效的流程并实现其创建的目标并使公司受益，因为这种能力涉及组织内不同的知识和想法来源，它们可以相互补充并结合起来，以减少不确定性、风险和创新过程所涉及的成本。另外，它还创造了一种难以模仿的竞争优势，因为这些创新相关的知识是公司所特有的。[6]

到了20世纪80年代，强生公司织物研究主管卡莱尔·哈蒙（Carlyle Harmon）和陶氏化学（Dow）的比利·吉恩·哈珀（Billy Gene Harper）发现，尿布塑料包装中可以填充高吸水性树脂，与今天用于清理漏油的材料相同。纵观纸尿裤行业的快速发展，可以看到关联性思考与"相邻可能"的魅力。

"相邻可能"是指一旦对边界进行新的探索，之前的边界就会重新扩展。新的组合变化为另一些变化，提供了进入可能空间的钥匙。就好像是一座施了魔法的房子，你每打开一扇门，都会发现一些新的、别有洞天的美景。如果你不停地推开眼前的新门，最终你就可以走遍一座宫殿。

"创造就是重组。"生物学家弗朗索瓦·雅各布曾经这样说过。乔布斯也赞同这种观点："创造力就是把事物联系起来。当你问有创造力的人如何创造新事物时，他们会感到有点内疚，因为他们并不是真的在创造新事物，他们只是更有见识……比其他人更有经验，或者他们对自己的经历思考得更深刻。"爱因斯坦称之为组合游戏，他认为这是"创造性思维的本质特征"。组合游戏要求玩家拥有开放的思想，勇于接受不同之处，认可"整体不仅大于各个部分的总和，而且与各个部分的总和也有很大不同"。物理学家、诺贝尔奖得主菲利普·安德森如是说。

7.2.2　构建渗透性边界

学会在组织中构建渗透性边界，可以让我们更有效地探索知识之间的相邻可能。渗透性边界的构建可以与实践社区这个概念联系起来。实践社区最早可以追溯至埃托雷·博利萨尼（Ettore Bolisani）等人对于情景学习的研究，实践社区最初被定义为一组有着共同关注点、问题、兴趣的人通过持续互动，使他们在该领域的知识和专业性得到深化的一种方式。[7]20 世纪 80 年代，朱利安·奥尔（Julian Orr）成为施乐公司（Xerox）的人类学家。他的任务是密切观察施乐公司的技术代表是如何打发时间的。他不仅观察技术代表摆弄机器的时间，还观察他们喝咖啡和吃零食的时间。奥尔发现了一些不同的情况：技术代表在休息时间谈论的不是政治和体育，而是如何修理施乐的机器，并且互相交流遇到的困难，分享如何修理机器的逸事。事实证明，这种非正式的交流很重要，不仅对修理机器很重要，对提高技术代表的技能也很重要。近年来，这种"实践社区"受到了广泛关注。随着实践社区研究的发展，现在实践社区被认为是一种增强组织知识管理能力的工具或安排方式，能够实现对组织员工的有效知识管理，从而提高组织的竞争力。实践社区主要由领域、社区、实践三个特点进行表征，强调实践社区包含由社区聚合的特定知识领域，存在社区人群的关系与边界，并有共同分享和发展的知识主体。

实践社区对于组织来说究竟有什么好处？它的意义和价值在于能够通过跨组织边界的交流学习，在促进企业知识管理和分享方面扮演重要的角色，并能从企业员工、社区、企业三个层面促进知识的创造、管理和应用。[8]

首先，对员工来说，实践社区能够促进他们快速分享、创造知识，从而更有效率地获得知识与概念，减少员工适应新工作的时间周期，同时能够让个人记录下在实际工作过程中收获的最佳实践和经验教训，并利用实践社区进行传播和共享。在同一个实践社区中，施乐公司的参与者分享共同的任务：修理复印机、讨论体育赛事、谈论流行音乐或电影的八卦等。他们的社会交往为技术交流提供了机会。这种非正式的隐性知识流动极大降低了员工犯重复错误的概率，为知识的创新和重复使用提供了良好的环境。

同时，就社区本身而言，实践社区促进了组织学习和社区成员身份认知和学习过程的形成，从而使实践社区逐渐形成了特定的知识领域和基于社区本身的知识库。实践社区提供了一个圈子，让大家在其中合作和学习，新手也可以参与其中。在许多实践社区中，从助产士到工程师，新手往往从边缘做起。他们不会一开始就试图解决困难的问题，但他们会看看自己是否能帮助解决简单的问题，从边缘部分开始参与。新手的贡献非常重要，不仅可以获得一部分技能的入门培训，随着时间的推移，他们变得更加成熟，开始承担更多的责任。

对企业来说，实践社区有助于其进行知识管理，提高公司产品和服务的创新能力，增强对外部竞争、顾客需求的快速反应能力，促进员工素质和工作效率的提升，进而降低重复错误带来的巨大成本，丰富企业内部知识库资源，提高企业核心竞争力，促进企业战略的真正实现。

但是成功构建实践社区并不容易，也可能面临失败，组织的高层管理人员、组织结构、组织文化都对是否能够成功构建实践社区至关重要。[9] 不可否认，在很多时候，组织的高层管理人员很难评价实践社区为组织带来的收益，因为这基本是被非正式定义的。通常组织的实践社区是由高层管理人员通过治理委员会批准建立的，由社区成员自我控制、管理并设置目标，高管如何在不控制或控制力相对较弱的情况下支持实践社区的发展仍然有待确定。针对组织结构来说，我们可以明显感觉到一个等级划分森严的组织结构是无法成功实现实践社区建设的。研究表明，当代公司需要一个相对松散、不是那么集中的组织结构，以促进和鼓励不同部门员工之间的非正式交流。卡拉·雷特纳（Kala S. Retna）等人认为，成功发展实践社区的关键要素在于组织各层面的自由沟通、良好的互动与协作，而这与组织开放的结构密切相关。[10]

另外，组织文化的差异可能是制约实践社区建成和知识有效分享的重要障碍。实践社区的建设需要合适的组织文化环境 [11]，只有通过创造一个自由包容的组织文化环境，才能促进实践社区的知识管理与分享频率的提高，提高实践社区的知识管理效能。

7.3 异想，天开

7.3.1 连接你能想到的一切

西北大学的心理学家德鲁·占特纳（Dedre Gentner）说："关联性思考是我们人类主宰地球的原因之一。对于其他物种来说，它们很难在事物间建立联系。"类比思维让我们很快熟悉新事物，而在面对已经熟悉的事物时，类比思维给了我们一个重新审视这些事物的新视角，从而使我们能够在不熟悉的环境中对问题进行推理，也让我们理解我们看不到的东西。

20 世纪 30 年代，卡尔·邓克尔（Karl Danker）提出了认知心理学中最著名的假想问题之一：假设你是一名医生，你的病人被诊断出患有恶性胃肿瘤。目前的情况不允许手术，但如果肿瘤没有被杀死，病人就会死亡。有一种放射疗法可以用来摧毁肿瘤。如果到达肿瘤的辐射强度足够高，肿瘤就会死亡。不幸的是，这种强度的辐射也会腐蚀健康的组织。如果辐射强度降低，辐射就不会影响健康组织，但也不会摧毁肿瘤。在不损害健康组织的情况下，你会选择哪种方法来使用辐射摧毁肿瘤？切除肿瘤、挽救病人是你的责任，但辐射要么太强，要么太弱。你怎么解决这个问题？等等，让我告诉你一个小故事。

曾经有一段时间，一位将军即将从一个残暴的独裁者手中夺取该国中部的一座要塞。如果将军能让他的军队同时到达，他就能拿下要塞。堡垒在城市的中心，有许多道路像辐条一样从堡垒向四面八方延伸。军队有很多路可以选择，但每条路都布满了地雷，所以只有少数士兵可以安全地通过。因此，他把他的部队分成几个小组，每个小组走不同的路线前往堡垒。他们同时出发，各走各的路，确保同时到达堡垒。最后，他们一举占领了要塞，推翻了独裁者。

现在，你是否能想出拯救病人的方案？或许没有，让我告诉你另一个故事：许多年前，小镇上的一间小木屋着火了。当消防队长到达现场时，他意识到情况很严重性——如果不立即扑灭，大火可能会蔓延到邻近的房屋。附近没有消防栓，但小屋旁边有个湖，所以供水不成问题。数十名拿着水桶的邻居轮流灭火，但毫无进展。当消防队长让邻居们一起去湖边取水时，邻居们都听从了。当邻居们回到火灾现场时，消防队长让他们围着木屋站成一圈，数了三下后，他们一起把水泼到火焰上，火很快就被扑灭了。

你知道如何拯救病人了吗？如果没有听过这两个故事，只有大约10%的人能够解决辐射问题。当人们只听过征服堡垒的故事时，大约30%的人能解决问题，当人们只听过消防队长的故事时，50%的人能解决问题。当人们听过征服堡垒和消防队长的故事后，80%的人可以解决问题。

解决方案是：作为一名医生，你可以从不同角度将多束低强度射线对准肿瘤，使健康组织保持完整，同时多束射线会聚在病变部位，足以杀死肿瘤。想象一下将军将军队分开并最终让他们在堡垒碰面的方式，消防队长指示他的邻居在同一时间向燃烧的木屋泼水，其中的联系不言而喻。

来自不同领域的类比可以使解决问题的人数增加三倍，即使是来自两个完全没有重叠领域的类比也可以让更多的人解决问题。这启发我们：从看似不相关但却有深度相似之处的情况中汲取灵感。大多数问题解决者都停留在问题的内部，关注细节，也许会选择回归自己的医学知识，因为问题表面上是一个医学问题。虽然有些类比似乎与眼前的问题毫不相干，但在一个复杂多变的世界里，依靠单一领域的经验不仅是有限的，而且可能是灾难性的。在商业中，我们也可以看到类似的例子。学会放大，将视角再放大一点，你会发现，当你从问题本身走出来，很多看似毫不相关的问题，它们的解决方案实则是共通的。

7.3.2 猎取交叉点

20世纪90年代初，埃里克·博纳博（Eric Bonabeau）和盖伊·特罗拉兹（Guy Theraulaz）在新墨西哥州圣达菲研究所（Santa Fe Institute）主办的一次峰会上相识。一位是法国电信的研究工程师，另一位是研究社会性昆虫的生态学家。他们讨论了许多问题，其中之一是蚂蚁如何觅食。十年后，技术人员根据这段对话开发了一种技术，帮助卡车司机设计路线，并安全穿越阿尔卑斯山。蚂蚁觅食、瑞士卡车司机和电信工程师有什么共同之处？

一方面，蚂蚁、卡车司机和电信工程师都是十分不愿意浪费时间的。昆虫总能找到通往目的地的最短路径。相比之下，人类倾向于选择更长的路径。那么蚂蚁是如何找到最短路径的呢？在蚂蚁中，特殊的觅食蚁会被派往相对随机的路径去寻找食物。在寻找食物的路上，每只觅食蚂蚁都会散发出一种特殊的气味来吸引自己的同类。气味越浓，被吸引的蚂蚁就越多。那些能找到从蚁巢到食物最短路径的蚂蚁气味最大，因为它们返回蚁巢的时间最短。这种强烈的气味会促使其他蚂蚁选择这条特定的路线。久而久之，这条路线就变成了一条由嗅觉控制的"信息之路"。随着蚁群的集体行动，一条最快的路线出现了，使得蚁群能够有效地找到食物。

博纳博说："我明白在小时候野餐时蚂蚁为什么会很快找到我。不仅如此，我还看到了蚂蚁强大的计算能力。"事实证明，蚁群的生活方式与我们这个世界的许多其他问题有关，这也是多年来一直困扰博纳博的问题。刹那间，他发现了两者之间的联系。博纳博回忆道："回到法国电信后，我开始研究如何将蚂蚁觅食的含义应用于线路规划。线路规划是当时电信网络的一大难题。由于成本原因，大多数电信网络并不总是连接在一起。这样，信号就需要被引导到目的地。"我发现，通过让虚拟蚂蚁在网络节点或路径上留下虚拟荷尔蒙信息，信号传递的路径得到了优化。"博纳博对昆虫行为在计算机搜索算法中的成功应用感到鼓舞。"但法国电信还没有做好准备，"他用他特有的法国口音说道，"与此同时，我对昆虫的兴趣与日俱增。"人们或许可以看出博纳博先生和法国电信之间的紧张关系，至少在蚂蚁研究方面，这并不是法国电信优先考虑的问题。博纳博最终决定离开法国电信，到圣达菲研究所工作。他花了三年时间在圣达菲研究所学习大黄蜂和蚂蚁的知识，他学到的比他想象的要多很多。他充满了信心和雄心，不管所学的知识对他是否有用，他都决心探索一个新的领域。"我不考虑未来，不考虑职业，不考虑所做的是否有用，"他说，"我从没想过这些问题。"他继续往前走，寻找这两个领域的交叉点。有志者事竟成，他终于得到了他想要的。这是一次有益的知识跨界搜寻行为的尝试，跨界搜寻源自组织搜寻理论，聚焦于组织突破已有的边界去探索组织外知识的行为。通过外部搜寻获得异质资源，能够增加内部知识要素和外部资源的优势互补，从而突破技术瓶颈。[12]

博纳博的洞见和不懈的努力最终带来了一门新的学科——"群体智能"。这一领域汇集了生物学家、计算机程序员和那些想要通过计算机软件模仿群居昆虫的行为模式来发现某些过程变化的人。迈克尔·克莱顿甚至在他的新书《猎物》（Prey）中将群体智能与经典的恐怖场景联系起来。今天，博纳博是"生态系统"的首席科学家。他自己创立了这家公司，将该技术应用于大规模的商业问题，如工厂调度、控制系统和通信路由，还与美国国防部合作，研究如何提高无人机的效率。无人机不需要飞行员，相对来说没有风险。不仅如此，它还能在广阔的区域搜寻目标。问题是，随着无人驾驶飞机数量的增加，管理搜索任务的效率开始下降。一架无人机如何完全避开另一架无人机刚刚搜索的区域？为了解决这个问题，他在每艘无人机上安装了虚拟激素装置。这相当于向其他无人机发出"请勿挡路"的信号。这样，无人机群就能有效地监视敌方领土。

那运送燃料的瑞士卡车司机呢？他们一直试图在阿尔卑斯山的加油站之间找到最短的路线。他们的效率随车辆到达加油站的顺序而显著变化。这个问题似乎很容易解决，但随着加油站数量的增加，可供选择的加油站数量将变得多得难以计数。当加油站数量超过12个时，潜在的路线数量就会增加到10亿多条。可能的路的数量呈指数增长，没有任何计算机能够快速地找出最短的路线。蚂蚁经过了数百万年的进化才完成了这一计算，所以司机们决定利用它们的智能，用模拟蚂蚁觅食行为的软件来解决这个问题。

我们能够看到，跨界搜寻能力在管理创新活动中发挥了非常重要的作用，但这种能力的实现需要高水平的认知柔性和灵活性。研究表明，拥有更高认知柔性的个人和组织往往具有较高的敏锐度，能够联系外部信息和知识，并且进行迅速反应 [13]，从而产生解决问题的新思路。许多研究者将认知柔性的内涵界定为两个层次：一方面是感知问题情景中不同元素和视角的能力，本质上是一种根据目标或环境改变认知或观点的能力，另一方面是判断不同认知策略是否适合情景的能力，本质与决策行为有关。从认知和资源两个角度，认知柔性能够帮助管理者通过对环境的灵活感知增强企业资源配置的多样性，从多个角度出发去看待问题和畅想未来。

我们同样可以在克拉伦斯·桑德斯（Clarence Saunders）的身上看到这种认知柔性。桑德斯是靠开杂货店发家的。九岁时，他得到了第一份工作，在学校放假期间在一家杂货店打工。十年后，他开始批发食品。1916 年夏末的一天，一位想要开杂货店的百货商店老板把桑德斯从美国田纳西州派到印第安纳州的特雷霍特（Terre Haute）去监视一家谣传有创新设计的商店。

1916 年的杂货店仍然像 19 世纪那样经营。尽管制造商们发明了罐装和袋装——这意味着许多商品不需要储存在桶和盒子里——商店仍然把商品放在柜台后面。所以顾客必须告诉店员他们想要什么，然后等待店员为他们挑选、报价和包装。顾客很少的时候，店员通常无所事事。在高峰时段，顾客通常会在商店排很长的队，商店会变得水泄不通。效率低下使得开杂货店成为一项糟糕的投资，这就是为什么百货商店老板派桑德斯去实地考察，看看是否有更好的方式来经营杂货店。

但在特雷霍特的店里，桑德斯并没有发现任何有价值的创新或设计。所以，桑德斯只能无功而返，他坐着一趟闷热的火车回家，看着窗外一望无际的麦田、玉米地、牲畜和尘土飞扬的城镇。这些景象是他早已习惯了的，通常他都不会注意到。正当他闷闷不乐地想着这次没有结果的旅行时，火车在一个养猪场附近突然慢了下来，那里有一头母猪正在哺育它的六头小猪。这在中西部农村地区尤为常见。但对桑德斯来说，这就像是有人突然向他抛出了一个拯救他杂货店生意的计划。小猪可以自助吃奶，人们为什么不能自己购物呢？如果重新设计杂货店，顾客就可以从货架上取到自己想要的商品。

一开始，桑德斯和当时所有经营杂货店的人一样，被限制在一个单一的观点上，所以他没有想出新的商业模式。但养猪场的情景激励他想出改进的办法。当他回来的时候，他并没有告诉老板他的计划。在接下来的几个月里，他想出了一些与新杂货店配套的东西：购物篮、价签、货架、陈列商品的过道、门口的收银机。这些东西的存在在今天是理所当然的，但以前并不存在。桑德斯在1916年开了他的第一家杂货店，并在1917年获得了新商店设计的专利。他给自己的连锁店起名为"小猪扭扭"（Piggly Wiggly）。六年内，他在美国29个州开了1 200家店，成了一个非常富有的人。这些连锁店今天仍然存在，大部分在美国南部。

亚马逊网络服务（Amazon Web Services，简称AWS）开发是猎取交叉点的另一个例子。随着亚马逊从一家在线书店转变为一家全方位商店，它建立了庞大的电子基础设施，包括数据存储设施和数据库。亚马逊意识到，这些基础设施不仅仅是一种内部资源，还可以作为云计算服务出售给其他公司。亚马逊AWS最终成为亚马逊的摇钱树，在2017年带来了约170亿美元的收入，超过了其零售部门。亚马逊的云计算基础设施不仅为公司内部提供支持，也为网飞和爱彼迎等公司提供高利润服务。

值得一提的是，亚马逊对全食超市（Whole Foods Market）的收购也是对图钉盒的一次再定义。起初，这场收购让许多专家心生疑虑，互联网巨头公司为什么要收购一家苦苦挣扎的实体杂货店？其实，亚马逊并没有将全食超市视为一家简单的杂货店，而是将其重塑为人口密集地区的配送中心。这些中心可确保产品快速送达亚马逊会员。此外，全食超市专注食品杂货的销售，因此拥有优异的储存和冷冻能力，它们可以赋予"配送中心"新的用途。

🏆 7.4　如何不去找规律

7.4.1　有序？实则无序

异想天开难以实现的重要原因之一是我们过于偏爱"找规律"。哈佛大学著名心理学家 B. F. 斯金纳（B. F. Skinner）喜欢拿老鼠和鸽子做实验。斯金纳为鸽子建了一个笼子。笼子里有一个开关，鸽子可以用喙进行操作。此外，笼子里还有一个将食物带入笼内的电子装置。斯金纳最初设计这个笼子是为了研究非人类生物的一般行为，但在 1948 年，他有了一个聪明的想法：忽略操纵杆，完全关注食物供应。他随机地给饥肠辘辘的鸽子喂食，然后他观察到了一些非常惊人的行为。虽然鸽子获得食物是随机的，但鸽子竟然发展出了极其复杂的行为。一只鸽子会定期地在笼子的某个角落摇它的头，而另一只会向后转它的头。几乎每只鸽子都发展出一种与喂食相关的特殊仪式，并将这种仪式和食物的随机获得建立联系，在脑海中慢慢固定下来。

对这一问题进行深入的探讨是非常重要的。我们不会孤立地看待不同的事物。我们很难不假设 A 导致了 B，B 导致了 A，或者它们相互影响，并且我们的认知偏见几乎立刻为它们建立了因果关系。耶鲁大学曾经组织过一次实验。在实验中，一只老鼠需要解决一个简单的迷宫问题——反复穿过迷宫获取食物，老鼠只需要决定向左还是向右。食物随机出现在迷宫的任何一个出口，但算法确定食物有 60% 的概率会出现在左边。与老鼠一起做测试的还有一群常春藤盟校的学生。一开始，老鼠和学生都猜左边的概率为 50%，这是它们不知道食物摆放位置被操纵时的正常反应。随着时间的推移，结果开始出现分歧。不久，几乎所有的老鼠都向左转，成功率约为 60%。这代表老鼠正在学习。然而，参加实验的大学生没有学习，他们的错误率仍然接近 50%。老鼠以明显的优势击败了学生。

原因很简单。学生们会个由自主地认为他们在寻找一个重要的潜在模式。作为受过高等教育的知识分子，他们自信能够看穿研究人员的心理和伎俩。学生们坚持在随机结果中寻找秩序，而且当他们创造一个理论以后，会高估支持的证据，而忽略反对的证据，这就是为什么老鼠能够打败他们。

7.4.2 错误的激励扼杀创新

纳西姆·尼古拉斯·塔勒布（Nassim Nicholas Taleb）在《黑天鹅》（*The Black Swan*）中指出："我们的头脑是一台非常了不起的解释机器，能够在几乎所有事情中分析出道理，能够对各种各样的现象罗列出各种解释。"但是，正如奥利维耶·西博尼（Olivier Sibony）在《偏差》（*You're about to Make a Terrible Mistake!*）中指出的："我们利用一些精挑细选出来的事实构建一个连贯的故事，但是这个故事还可能有其他版本，而现在的版本有可能并不真实，很可能会让我们误入歧途。"西博尼写道："只相信事实，不相信故事，但我们所坚信的事实，其实也是个故事。"

更可怕的是，这种情况会被强化，而且只需要一点点激励。心理学家巴里·施瓦茨（Barry Schwartz）通过实验展示了这一过程。他给大学生们设计了一个逻辑迷宫，在这个迷宫中，参与者必须按顺序触摸开关来打开和关闭灯泡，然后他们可以一遍又一遍地重复这个过程。有70种不同的方法来解决这个迷宫问题，每成功一次就会得到一些钱。学生们没有被告知任何规则，通过反复试验赢得挑战。如果参与实验的学生找到了解决方案，他们就会反复使用同一方法来获得更多的钱，而不会关心为什么会这样。同时，另一组学生加入实验，参与者被要求发现所有解决方案背后的原理。一件不可思议的事情发生了——每个参与实验的学生都发现了70个答案背后的模式，而之前的学生中只有一个做到了。

🏆 7.5　尽在掌控中?

7.5.1　权威不是神话

几个世纪以来，医生们几乎用放血治疗每一个病人，许多人支持放血，只是因为他们认为这对健康有好处。在过去一千年的大部分时间里，放血在欧洲被广泛使用，而多年来医生们的此举导致了数千名病人的死亡，包括美国总统乔治·华盛顿（George Washington），因为他的医生积极使用放血来治疗他的喉咙痛。另一位美国国会议员的医生曾写道，他治疗病人的方法是在 5 天内抽掉 165 盎司（约 4.68 千克）的血来缓解病人的病情。医生写道："他死了……如果我们能放更多的血，可能会避免不幸。"在实践中，除了少数罕见的情况外，放血是有害的。那么，几个世纪以来，为什么那么多受过良好教育、心怀善意的医生会犯下如此可怕的错误呢？

第一个原因是他们确实相信未经检验的放血理论。医生和其他职业没有什么不同，他们往往只是相信所谓的理论，而根本不去实践它们。这种认知局限将他们封闭在一个狭小的空间，无法成长。古希腊人希波克拉底认为，所有的疾病都是由体液失衡引起的，所以通过放血和净化来解决这种失衡是正常的。体液失衡理论主导了欧洲的医学思想长达 2 000 年之久，却没有人真正去检验它提出的病因是否合理。第二个原因是没有人系统地研究它的有效性。如果病人从疾病中恢复，放血便被认为是一种有效的治疗方法，如果他们死亡……反正生病的人总会死的。医生利用他们的印象、假设、常识或一些公认的技术和数据来治疗病人，因为大家都这样治疗！道格拉斯·斯塔尔（Douglas Starr）认为放血流行的另一个原因是：它给医生一种"控制感"。放血会产生戏剧性的效果——病人会晕倒，这在很长一段时间里被认为是一件好事。病人要求医生做点什么，放血就满足了他们的要求。在商业创新中，我们同样能够看到这种权威的禁锢作用。詹妮弗·克里夫（Jennifer E.Cliff）等人研究了创业者的工作经验和对行业普遍做法的信念如何影响其公司的创新性，结果表明在行业领域核心的丰富经验会让个人成为"模仿型企业家"，限制创始人偏离主流做法的能力和意愿，即使他们质疑自己的合法性，也基本上是在复制既定的惯例。[14] 相比之下，在该领域外围经验丰富的创始人更有可能充当"创新企业家"，那些更强烈质疑现行做法的人更是如此。换句话说，他们是典型"游戏"玩法的新手，也正因如此，他们才能打破常规，质疑原来所默认的一切。

7.5.2 我们远比自己想象中渺小

这里有一个实验：首先，给你的个人理财知识打分（从 1 分到 7 分）。然后，为自己对以下术语的理解程度进行打分（从 1 分到 7 分）：

税率等级、固定利率按揭贷款、房产净值、提前定级股票、终身保险、罗斯个人退休账户、年度信贷额、利息率、通货膨胀、私募股权基金、既定享受退休权力、退休、固定利率扣减、循环信贷。

2015 年，康奈尔大学（Cornell university）和杜兰大学（Tulane university）的研究人员将测试发送给 100 名参与者，要求他们在家里的电脑上完成测试。与会者并不知道，年度信贷额、固定利率扣减和提前定级股票这三个术语是编造出来的，没有人熟悉它们。但许多参与者声称自己很了解这些术语，而且，越是对自己的金融素养评价很高的人越有可能做出这样的陈述。其他与生物、文学、哲学和地理相关的测试也得到了类似的结果。

过度自信可以表现为知识的错误校准，人们高估了自己预测事件可能性的能力，或低估了随机事件的波动性。这种知识错误校准的影响在实践中很大程度上是未知的。雪上加霜的是，大多数人都倾向于过度自信，许多研究已经记录了这种现象，通常被称为"高于平均水平"现象。例如，93% 的美国司机认为他们的驾驶水平高于平均水平，甚至那些因自己的过失导致事故而住院的司机也高估了自己的能力。最近的一项金融研究表明，首席财务官们对自己预测股票回报的能力过于自信，导致他们的组织采取更激进的公司政策、更大的投资和更多的债务融资。在斯坦福大学，87% 的 MBA 学生认为自己比大多数同龄人更优秀。在英国的一项研究中，囚犯认为自己比一般人更值得信赖、更有道德、更诚实。最近的几项研究表明，自我感觉良好的 CEO 倾向于进行风险更大的投资，为收购付出更多成本。对环境中更具体的战略趋势的不准确认识究竟有多常见？管理者是否意识到自己存在错误认识？[15] 就像卡罗琳·保罗所说，让我们"凝视星空，感受自己的渺小"。

🏆 7.6　在细节上下功夫

边际改进的力量

探索星空并不意味着放弃细节。1997 年，戴夫·布雷斯福德（Dave Brailsford）成为英国自行车队的顾问，当时这支队伍表现不佳。2000 年，英国在奥运会场地自行车计时赛中赢得一枚金牌。2003 年，布雷斯福德成为英国国家队的比赛主管。在第二年举行的奥运会上，该队赢得了两枚金牌。英国队在 2008 年获得了令人难以置信的 8 枚金牌，并在 2012 年的伦敦奥运会上再现了这一壮举。布雷斯福德是如何征服自行车项目的？他自己的回答很清楚。"这是边际收益的问题。"他说，"如果你把一个大目标分解成许多小目标，然后对每个小目标进行改进，再把它们组合起来，你将会取得很大的进步。"

听起来很简单，但"边际收益"这个词已经成为各个领域中最热门的概念之一，不仅仅是体育领域。在企业会议和研讨会上，甚至在军队中，边际效益也是经常讨论的基本问题。在英国，许多运动队现在都聘请了一名主管，其工作是分析边际收益。但是这个概念在实践中意味着什么呢？你如何运用边际收益的方法来解决问题？最重要的问题是，为什么把一个大计划分成许多小块就能实现一个大目标？

如果你把一个大目标分解成许多小的部分，每个部分都改进，然后结合起来，你会取得很大的进步。因为只有宏伟的计划是没有用的。你还必须从小处考虑，弄清楚什么可行，什么不可行。每一步可能微不足道，但累积起来的力量是巨大的。骑行的目标相对简单：尽可能快地从 A 点到达 B 点。例如，英国自行车队建造了一个大型风洞来寻找最高效的车辆设计。这使得他们可以通过调整自行车的设计并在完全相同的条件下进行测试，从而隔离空气动力效应。为了找到最有效的训练方法，布雷斯福德创建了一个数据库，跟踪车手的每一个生理细节。"每一次收获本身都很小，但这并不重要。我们对车手整体表现的各个方面都有更好的理解，这就是领先者和落后者之间的区别。"

再来看看小林尊（Kobayashi Takeru）的故事。小林尊在读经济学专业时，和女友住在日本东部的一所公寓里。他穷得连电费都付不起。他偶然听说当地有一个大胃王比赛，可以赢得 5 000 美元，小林尊通过练习参加比赛，最终获胜。从此，小林尊开始对大胃王比赛产生了兴趣，他发现参加世界各地类似的比赛是摆脱贫困的好办法，而且奖金丰厚。最终，小林尊将目光投向了世界上最著名的吃热狗大赛——由内森（Nathan）食品公司赞助，每年 7 月 4 日在纽约科尼岛举行的国际吃热狗大赛。规则很简单，12 分钟内吃下最多热狗的人获胜。参赛者可以喝任何饮料，但不能呕吐。

小林尊采用边际收益的方法准备比赛。首先，他没有采用一次吃下一整个热狗的方式，之前所有的获奖者都是这样做的，而是把它掰成两半。他发现这样咀嚼起来更容易了，而且可以腾出双手更快地拿起新的热狗。这就是一份边际收益。然后他试着把香肠和面包分开吃，而不是把它们一起吃。他发现自己很快就吞下了香肠，但面包却难以下咽。接下来，他又测试了面包蘸水和蘸不同类别和温度的液体的区别，如植物油，然后拍摄自己实践的过程，用一个图表来记录各种数据。除此之外，小林尊尝试了各种不同的吞食策略（不断地猛吃，控制节奏，最后冲刺等），测试各种咀嚼、吞咽和扭动身体的方法，从而调整胃空间。他把每一个微小的想法都付诸实践。当他来到科尼岛时，没有人认为他有机会获胜，因为小林尊的身材不同于任何一届大胃王——他更矮更瘦。

当时的世界纪录是在 12 分钟内吃掉 25.125 个热狗。许多人认为这个数字已经接近人体的极限，但小林尊不这么认为，他吃下了 50 个热狗，这是一项令人难以置信的壮举，几乎是之前记录的两倍。"有一种观点认为，胃口大的人可以吃得更多，"他说，"但实际上，这完全取决于你如何处理面前的食物。"小林尊是史上吃得最多的选手，这并不是因为他做了胃部扩大手术或多长出了一个胃。他的胜利来自于边际收益的积累。他通过在各种小领域进行的严格测试，不断吸取失败的教训，从而取得了成功。如果边际收益可以用来吃热狗，那么它几乎可以用于任何事情。

这告诉我们，成功意味着同时具备对整体与细节的思考能力，既要有能够抽身事外的想象力，从宏观角度整体看待问题，又要有自控力，能够投身于细节之中，通过细节来持续优化。例如，谷歌英国业务总经理丹·科布里（Dan Cobley）表示，logo 颜色的变化使谷歌的年收入增加了 2 亿美元。第一资本金融公司（Capital One Financial）从创立之初就注重边际收益的力量，比如，他们寄给 5 万户人家的宣传信是用一种颜色，寄给其他 5 万户的宣传信则用另外一种颜色，然后分别计算两组的收益差别。然后他们测试了电话热线中使用的不同问候语、不同措辞和客户的不同反应。自成立以来，第一资本每年都要进行数千次类似的测试。他们把公司变成了"一个科学实验室，所有关于产品设计、营销、沟通渠道、信贷额度、消费者选择、计费政策和交叉营销的决策都要经过一系列实验系统地测试，并系统采用了边际收益分析"。2021 年，第一资本估值为 450 亿美元。

🏆 7.7 "扼杀"自己

7.7.1 假想最坏的结果

寻求安全是人类的一种根深蒂固的习惯。当威胁意识被触发，例如，负面的销售信息、来自客户的抱怨和来自主管的批评，都可能让我们感到紧张。矛盾的是，成功也会导致一种威胁感，因为它把我们推向一个更大的舞台，带来更大的挑战和风险。简而言之，生活已经够艰难的了，要在不引发威胁感的情况下实现某种价值就更难了。

随后，威胁感会触发神经学家所说的"皮层唤醒"。它是一种高度的觉醒状态，让你保持警觉和专注。当然，大脑皮层的唤醒通常是非常有价值的。例如，当面对真正的威胁时，我们需要唤醒大脑皮层来做出快速、果断的决定。但低水平的觉醒更有利于创造性思维。在低水平的觉醒状态下，大脑将资源分配给各种神经和生理功能，如消化、细胞修复和长期记忆存档。当大脑处于低唤醒状态时，身体的所有认知系统都运转正常，我们可以自由地将注意力转移到我们感兴趣的事情上，从而促进创造性思维的形成。托马斯·爱迪生发现了一种巧妙的方法来控制处于很低的觉醒水平，从而激发创造力。他会在椅子上打盹，双臂放在身体两侧，两手各拿一个金属球。他还会把金属板放在地板上。随着大脑皮层变得越来越不清醒，越来越困倦，爱迪生的大脑充满了他清醒时不存在的图像和想法。一旦睡着，他手中的金属球就会撞击金属板，及时唤醒爱迪生，然后他会记录下刚刚想到的点子。爱迪生认为这些梦幻般的图像帮助他做出了许多伟大的发明。

当面对让我们感到威胁的挑战时，让大脑保持低水平的清醒变得很难。人类进化使我们习惯于在一种高度觉醒的状态下对事物做出反应，因为我们的祖先需要对许多威胁做出快速反应。这种反应可以追溯到远古时代，当时人类在非洲大草原上会经常面对大型掠食者。想象你自己在低唤醒状态下走在路上，四处寻找食物。因为没有紧急情况，你可以慢慢地看看周围。但当一只饥肠辘辘的老虎突然出现在面前时，你的大脑立刻被唤醒，皮质醇和肾上腺素飙升，身体还会阻止任何不必要的运动，这样血液就可以直接流向肌肉和视觉皮层，帮助你更清楚地看到威胁。你的眼睛会盯着野兽，你会集中注意力，反应灵敏。神经学家已经表明，高水平的皮质唤醒实际上关闭了大脑的两个区域，这两个区域对我们思考未来的能力非常重要。当出现死亡威胁的时候谁还会浪费精力去想明天？当竞争对手迅速崛起的时候，即使我们知道旧的做事方式不足以应对这一新的挑战，即使我们可能想要"保持开放的心态"，我们的大脑也会逼迫我们选择那些能给我们带来安全感的行为，我们可能会想：也许短期解决方案可以化解威胁，减少焦虑。"那就让我们尝试一些过去有效的方法吧。"问题是，用旧的方式应对挑战只会让我们面临更多的威胁，从而导致更多的焦虑和更高水平的皮质兴奋。

人们希望企业是一个永葆青春的机构，有着持久的生命力。其实，企业应该为失败提供一个安全的空间。企业要想成长，就需要鼓励员工去尝试、创新和适应，要知道，市场体系的整体成功是建立在企业失败的基础上的。如果一家初创公司在研究上取得了突破，许多公司可能很快就会失败，这些变化可能会给员工带来不便，给股东带来巨大损失，但在大多数情况下，员工会找到其他机会，把自己的才能发挥到最好，而股东将不得不接受风险。如果他们是明智的，就不要把所有的鸡蛋放在一个篮子里。企业之所以存在，是因为我们不关心，也不应该关心它的失败。我们更关心每一个个体，每一个个体都必须努力适应、学习和成长，这是我们最终的期望。

你的公司面临的最大威胁莫过于陷入危机、被竞争对手打压或濒临破产。当身处随时可能被消灭的境地时，你会如何看待手头的任务？请记住一点：假如你已经死去，那就没人能杀死你。假如你已经接受了可能出现的最糟结局，那你就不会再失去什么。日本最有名的武士典籍《叶隐闻书》建议人们通过血淋淋的细节来接受最糟糕的结局：

想象着死亡，以此为高潮，开始你的每一天。每天清晨，宁心静气，在脑海中构想出你生命最后的时刻。想象你被弓箭、长矛、刀剑撕成碎片，被巨浪吞噬，被闪电击中，被大地震震死，坠入炼狱，从几百英尺高的悬崖跌落，被绝症夺去性命，或者意外失足身亡。每天清晨，请务必宁心静气，让自己的心在死神身边游走一趟。

7.7.2 没有什么不能破坏

要想使组织实现基业长青，就必须一次又一次地跨越极限点，而创造性地自我破坏是跨越极限点的必要条件。在组织成长的过程中，我们必然会遇到一次又一次的极限点，在这个时候，系统已经远离平衡态，如果不采取措施主动攻击系统，加速老系统的退位，促进系统的转型，那么组织将像米缸里的老鼠那样，最终的结局只会是等待死亡。

默克公司的首席执行官尼斯·弗雷齐尔（Kenneth Frazier）对他的员工说：我们要摧毁默克公司。弗雷齐尔让高管们扮演默克公司主要竞争对手的角色，想出可能让公司破产的点子。然后他们更换角色，设计策略来避免这些威胁，这被称为"扼杀公司"演习。为了建立未来的业务，你必须打破今天存在的坏习惯、恶习和禁忌。这些习惯很难改掉，因为我们经常采用相同的内在观点。我们距离问题和弱点太近，以至于无法客观地评估它们。"扼杀公司"练习迫使你改变主意，扮演对手的角色，故意忽视公司的规则、习惯和流程。

贝佐斯在亚马逊也采取了类似的做法。当电子书开始对亚马逊的实体书业务构成威胁时，贝佐斯接受了挑战，而不是回避。"我希望你们全力以赴，"他对下属们说，"你们的任务是让所有卖纸质书的人失业。"这种"扼杀公司"的做法将亚马逊推向了电子书的顶峰。

这是一个很讽刺的观点，危机中往往孕育着稳定，那些看似危及组织生命的失败却导致了组织活动和寿命的增加，并构成了组织更新的完整过程，要记住，有时候一无所有反而让我们无所不能！

参考文献

[1] Higgins K L. Financial whirlpools：A systems story of the great global recession[M]. Academic Press，2013.

[2] Ruiz‐Jiménez J M，del Mar Fuentes‐Fuentes M. Knowledge combination，innovation，organizational performance in technology firms[J]. Industrial Management & Data Systems，2013.

[3] Collins C J，Smith K G. Knowledge exchange and combination：The role of human resource practices in the performance of high-technology firms[J]. Academy of management journal，2006，49（3）：544-560.

[4] Sirmon D G，Hitt M A，Ireland R D，et al. Resource orchestration to create competitive advantage：Breadth，depth，and life cycle effects[J]. Journal of management，2011，37（5）：1390-1412.

[5] Wang C，Rodan S，Fruin M，et al. Knowledge networks，collaboration networks，and exploratory innovation[J]. Academy of Management Journal，2014，57（2）：484-514.

[6] Paananen M. Exploring the relationships between knowledge sources in the innovation process：Evidence from Finnish innovators[J]. Technology Analysis & Strategic Management，2009，21（6）：711-725.

[7] Wenger E，McDermott R A，Snyder W. Cultivating communities of practice：A guide to managing knowledge[M]. Harvard Business Press，2002.

[8] Bolisani E，Scarso E. The place of communities of practice in knowledge management studies：a critical review[J]. Journal of knowledge management，2014.

[9] Aljuwaiber A. Communities of practice as an initiative for knowledge sharing in business organisations：a literature review[J]. Journal of Knowledge Management，2016.

[10] Retna K S，Ng P T. Communities of practice：dynamics and success factors[J]. Leadership & Organization Development Journal，2011.

[11] Dubé L，Bourhis A，Jacob R. The impact of structuring characteristics on the launching of virtual communities of practice[J]. Journal of Organizational Change Management，2005.

[12] 王庆金，石仁波，杜甜甜，韩昌霖 . 跨界搜寻如何促进企业管理创新——认知柔性与吸收能力的作用 [J]. 科技进步与对策：1-12.

[13] 苏敬勤，林海芬 . 认知偏差视角的管理创新引进机制实证研究 [J]. 管理学报，2012，9（11）：1653-1660.

[14] Cliff J E，Jennings P D，Greenwood R. New to the game and questioning the rules：The experiences and beliefs of founders who start imitative versus innovative firms[J]. Journal of Business Venturing，2006，21（5）：633-663.

[15] Ben-David I，Graham J R，Harvey C R. Managerial miscalibration[J]. The Quarterly journal of economics，2013，128（4）：1547-1584.

尾声

胆识、行动与天意

19世纪德国哲学家歌德这样说：

"你是认真的吗？一定要把握当下；不管你能做什么，或者你期望你能做什么，开始吧；胆识本身就意味着天赋、力量和魔法。"

歌德这番话十分激励人心，苏格兰作家默里深受启发，他仔细阐述了歌德的话："一个人在开始行动之前，总会犹豫不决，他可能会打退堂鼓，担心竹篮打水一场空。所有积极的、有创造性的行动的背后都有一个最基本的真理在起作用，如果无视这个真理，无数的好想法、好计划都会被扼杀。这个真理就是，当一个人下定决心的时候，天意也会随之而动。一个人的决定可以引发一连串的事情，他会碰到各式各样出乎意料的巧合、遇见，或者物质上的帮助，没人能想象得到，这些事情会发生在他身上。不管你能做什么，或者你期望你能做什么，开始吧；胆识本身就意味着天赋、力量和魔法。现在就开始吧。"

你要相信，胆识加上行动，就能召唤天意。